谋

定天下系列

谋并天下
晋朝开国奇谋

姜若木 编著

台海出版社

图书在版编目（CIP）数据

谋并天下：晋朝开国奇谋 / 姜若木编著·－北京：
台海出版社，2013.7
ISBN 978-7-5168-0219-9

Ⅰ. ①谋… Ⅱ. 姜… Ⅲ. ①中国历史-西晋时
代-通俗读物 Ⅳ. ①K237.109
中国版本图书馆CIP数据核字（2013）第149962号

谋并天下：晋朝开国奇谋

编　　著：姜若木

责任编辑：姜　航　　　　　　　装帧设计：候　泰
版式设计：姚　雪　　　　　　　责任印制：蔡　旭

出版发行：台海出版社

地　　址：北京市劲松南路1号，邮政编码：100021

电　　话：010-64041652（发行，邮购）

传　　真：010-84045799（总编室）

网　　址：www.taimeng.org.cn/thcbs/default.htm

E-mail：thcbs@126.com

经　　销：全国各地新华书店

印　　刷：北京柯蓝博泰印务有限公司

本书如有破损、缺页、装订错误，请与本社联系调换

开　　本：710×1000　1/16

字　　数：215千字　　　　　　　印　　张：16.5

版　　次：2013年10月第一版　　印　　次：2013年10月第一次印刷

书　　号：ISBN978-7-5168-0219-9

定　　价：33.00元

前　言

　　在中国历史上，尤其是在魏晋南北朝时期，有一个人物是无法跳过的话题。据说他有"狼顾"之相、奸诈无比、智慧超群……他虽然不是晋朝的开国皇帝，但对晋的建立起到了决定性作用。他是司马氏家族中里程碑式的人物——司马懿。

　　然而，令人想探寻究竟的是：司马懿是怎样在曹操这样一个多疑的人身边蛰伏的呢？又是怎样从曹魏时代逐渐崛起的呢？司马家族也随着他的出现开始崛起，并逐渐把持了曹魏大权，最终由其孙司马炎取魏而代之，建立西晋。司马懿就是这样一个谜一样的人物，他的出现，让司马家族走上了更为辉煌的一个阶段。让我们拉开历史的层层帷幕，去解读司马家族所留给后人的激烈的权谋角逐……

　　司马懿出生在一个官宦世家，高门望族。生于东汉末年的乱世中，司马懿并不热衷于功名，而是隐居在家，静观时势。由于司马懿自幼聪明、声名远播，引起了曹操的注意。曹操请他出山，他却装病推辞了。曹操当上东汉丞相之后，硬是逼迫着他出山了。但是，曹操却是一个生性多疑的人，虽爱惜人才，同时却也妒忌那些锋芒毕露的人。司马懿看着曹操身边有才能的人一个一个都被曹操除掉，识时务的他一直保持着低调的姿态，韬光养晦，终于获得了曹操的信任与赏识。而且，司马懿不论是在曹操身边，还是在曹丕、曹叡身边都保持着低调，并逐渐获得了几位皇帝的信任，几位皇帝也渐渐对他放松了警惕。不得不说司马懿

是一个权谋高手。

随着曹魏的皇帝们一代不如一代，司马懿感觉自己"出头"的机会到了。于是，趁着曹爽等大臣对自己放松警惕、小皇帝曹芳年幼无知，他不失时机地发动了高平陵政变，终于将军政大权掌握在自己的手中。很快，父子三人（司马懿、司马师、司马昭）专权，用铁血手段排除异己，威慑天下。司马懿死后，司马师接替其父的职位；司马师死后，司马昭接替其兄的职位。随着司马家族在曹魏帝国中声望日隆，司马昭已经开始觊觎大宝了，可惜，他没有等到那一天就病死了。司马昭死后，其子司马炎不费吹灰之力，便登上了天子之位。从这里可以看出，司马炎之所以能够取曹魏而代之，正是其祖父司马懿、伯父司马师、父亲司马昭两代三人苦心经营的结果。

在这场如同接力赛一样的政治角逐中，司马家族逐渐走上了权力的最高峰——司马炎建立西晋。晋武帝司马炎的一生充满传奇色彩。他结束了分裂长达半个世纪的三国鼎立时代，成为继秦始皇、汉高祖、汉光武帝之后第四位统一全国的皇帝。统一全国后，司马炎励精图治，开创"太康盛世"……

尽管在晋武帝死后，国家又开始出现混乱的局面，太康短暂的繁荣也很快失去了光彩，但它作为历史长河中所闪现出的美丽浪花，永远地留在了中华民族的记忆中；司马家三代人的雄才大略、足智多谋，也值得后人去品读、去回味……

本书将晋朝开国之初所发生的那些大事件以及晋朝司马家族的开国奇谋都做了详细的描述。本书讲述了司马懿如何亲率大军伐蜀、如何逐渐掌握军权、如何成为魏国三代的托孤辅政之臣；司马师、司马昭如何先后掌权；司马炎如何取魏而代之，最终建立西晋。本书语言通俗易懂、故事生动有趣，希望你能从书中得到不一样的收获。

目 录

第一章　足智多谋，屡出奇策

目
录

　　司马懿出生在一个官宦世家，高门望族。然而，在三国纷争的年代，司马懿却并不热衷于走上仕途，而是闭门隐居。但是，他并不是真正意义上的隐居，而是在静观时势，待时而动。由于他自幼聪明，声名远播，受到了曹操的青睐。但他看不起曹操，死活不肯出山。后来，曹操当上了汉朝的丞相，硬是逼着司马懿出山了。出山后，司马懿辅佐了曹魏几任皇帝，政绩卓著并善谋奇策，多次征伐有功。

谋
并
天
下

晋朝开国奇谋

002

第二章　韬光养晦，暗中蓄势

　　曹操本人生性多疑，尽管是唯才是用的明主，可在某些特定的环境与位置上，他竟然把为自己做过很多贡献的杨修、孔融、崔琰等有才华的人杀掉，而谋略超过众人、甚至超过诸葛亮的司马懿却一直平安无事。可见，司马懿本人韬光养晦的本领是相当深厚的。司马懿辅佐曹魏政权的几位皇帝，都获得了信任与赏识。也正因此，才给了司马懿暗中蓄势的机会。司马懿可谓是老谋深算，权力场上的高手。

第三章　伺机而变，大权独揽

魏明帝曹叡托孤时，让司马懿与曹爽共同辅佐小皇帝曹芳。然而，曹爽却想尽千方百计排挤司马懿，独揽大权。司马懿面对曹爽的发难与专权，只好暂敛锋芒，韬光养晦，还利用装病瞒过了曹爽，避免了与曹爽的正面冲突，致使曹爽误以为司马懿真的是行将就木了。所以曹爽一伙就更加瞎折腾、更加腐败，愈来愈丧失人心。司马懿也逐渐产生了取曹爽代之的念头。终于，司马懿在做足准备之后，伺机而变，大权独揽。

第四章　父子专权，威慑天下

从高平陵政变到西晋建立前后十六年，司马懿父子三人相继掌控曹魏大权，威慑天下。司马懿执政两年，司马师执政四年，剩下的十年都是司马昭执政。父子三人如同接力赛式的，前仆后继地传递着执掌曹魏大权的"接力棒"。然而，这一切，都是为后来司马炎建立西晋所做的准备、奠定的基础。

谋并天下

晋朝开国奇谋

第五章　觊觎大宝，夺位登基

一般来说，称古代某个政治家有野心，多指其有取代政权或篡位之心，这种野心的萌生和实现多半与时局有关系。而司马家族的政治野心，是后来随着曹氏与司马氏之间矛盾的不断发展，才渐渐显现出来的。由于曹操死后，曹家的皇帝一代不如一代，这就更容易使权臣产生非分之想。终于，司马氏经过两代三人（司马懿及其两个儿子司马师、司马昭）的不懈努力，到司马懿之孙司马炎之时，终于把曹魏政权完全夺到手中，建立了西晋。

第六章　扫平敌手，天下一统

公元263年，曹魏灭掉蜀汉。公元280年，西晋灭东吴，实现了天下归一，三国归晋。西晋灭东吴，结束了自东汉末年以来国家长期分裂的局面，指挥这场统一战争的，就是晋武帝司马炎。其实，东吴灭亡也是必然的，当时的吴主荒淫无道，而西晋初期社会安定，经济发展。所以，司马炎能够顺利地扫平敌手、天下一统是历史发展的必然。

第七章　整顿朝纲，开启盛世

公元280年，西晋在统一中国后，进入了一个重要的历史发展时期。晋武帝司马炎为了庆贺扫平敌手、天下一统，将这一年的年号改为太康（公元280年～公元290年）。晋武帝司马炎是魏晋时较有作为的一位统治者，他在位期间曾针对当时存在的社会弊端，在政治、经济方面做了大量的改革，推行了一些积极的政策。为此，西晋的社会经济有了很大的发展，晋武帝司马炎开启了"太康盛世"。

谋并天下

晋朝开国奇谋

第一章
足智多谋，屡出奇策

　　司马懿出生在一个官宦世家，高门望族。然而，在三国纷争的年代，司马懿却并不热衷于走上仕途，而是闭门隐居。但是，他并不是真正意义上的隐居，而是在静观时势，待时而动。由于他自幼聪明，声名远播，受到了曹操的青睐。但他看不起曹操，死活不肯出山。后来，曹操当上了汉朝的丞相，硬是逼着司马懿出山了。出山后，司马懿辅佐了曹魏几任皇帝，政绩卓著并善谋奇策，多次征伐有功。

官宦世家，高门望族

实际上，司马家族并不是一个从曹魏时代才飞黄腾达的家族。司马氏是一个历史悠久的家族。

追溯家族起源往往从上古讲起，司马氏家族也有较长的历史。《晋书·宣帝纪》说，司马氏"其先出自帝高阳之子重黎，为夏官祝融，历唐、虞、夏、商，世序其职。及周，以夏官为司马"。这里"帝高阳"，也称高阳氏，就是颛顼，华夏族的五帝之一，重黎是他的后裔。夏官祝融是官名，传说黄帝设春、夏、秋、冬等官。司马是西周最高的军事长官，其下有小司马、军司马等。司马氏就是以官名为姓的。

《晋书·宣帝纪》中的内容证明，司马懿的祖先可以追溯到黄帝之孙高阳的儿子重黎，他正是帝高辛的"火正"。在上古时代，人们崇尚火，司火的火正地位也比较高。因为重黎有功劳，所以被帝高辛封为"祝融"，意思是像祝融神那样可以光照世界。随后，重黎的后代也一直做着这个官职，直到周朝，官职的名称由"祝融"改为"司马"。《尚友录》说，在周宣王的时候（公元前827年~公元前781年），程伯休父担任司马，攻克了徐方，因功被允许以官职为姓，因而得姓"司马"。

就近一点来说：在司马家族的标志性人物司马懿之前，还有三个人

比较著名。一位是司马卬。楚汉争霸的时候，司马卬原是赵将，后随项羽入关中灭掉了秦国。秦国灭亡以后，他被封为殷王，都城朝歌（今河南淇县东北）。后司马卬背叛项羽投降刘邦，汉以其地为河内郡，司马氏子孙就定居在河内温县（今河南省温县）。

又过了八代，司马家出了一个征西将军司马钧，字叔平。东汉安帝永初二年（公元108年）十月，车骑将军邓骘命令征西校尉任尚与从事中郎司马钧一起讨伐滇零（人名，为先零羌别种），双方在天水郡（治平襄，今甘肃省通渭县）展开激战，结果，汉军大败；到东汉安帝元初二年（公元115年），此时的司马钧已升任左冯翊（汉代在京师附近地区分别设置京兆尹、左冯翊、右扶风，分别由三位地方官管理），朝廷以其为征西将军，都督关中诸郡兵八千余人，与护羌校尉庞参所领的七千余名羌胡兵，分道进攻滇零的儿子零昌。庞参先败，司马钧率部独进，攻下了零昌的老巢丁奚城（今宁夏灵武市南）。他命令同僚右扶风仲光收割羌人的庄稼，但是仲光不听司马钧指挥，散兵深入，结果被围。司马钧因赌气而驻军丁奚城内见死不救，致使仲光兵败战死，汉军被杀三千多人，司马钧也率余众逃回。事后，司马钧因此入狱，自杀。司马钧在晋代被称为征西府君，位列宗庙祭祀之首。

从司马钧的孙子司马儁开始，司马家基本上完成了从武将世家到士大夫世家的转型。

司马儁的儿子司马防（公元149年～公元219年），字建公，是司马家族第三位比较出名的。司马防少仕州郡，历任洛阳令、京兆尹（都是负责京师治安的官）。他就是司马懿的父亲。司马防家教很严，平日里，即便是父子之间也十分严肃，"父子之间肃如也"。

儿子们虽然已经成年，但在家里，父亲不让进屋，儿子们都不敢进；进屋以后，不让坐下，不敢擅自坐下；父亲不问话，也都不敢主动说话。这也是司马懿家"服膺儒教"（即遵行名教，遵守君臣父子规范等）的一个突出表现。

东汉灵帝光和二年（公元179年），司马懿出生于河内郡温县孝敬里（今安乐寨村）这样一个世家望族里。司马懿是家中的老二，上面还有一个大哥叫司马朗。司马朗，字伯达，和董卓的一个儿子同岁。司马朗九岁时，有客人直接称呼其父的字，司马朗便对那人说："轻慢他人的长辈，就等于是不尊敬自己的长辈。"

司马懿（公元179年～公元251年），字仲达，在他下面还有六个弟弟，分别是：老三司马孚，字叔达；老四司马馗，字季达；老五司马恂，字显达；老六司马进，字惠达；老七司马通，字雅达；老八司马敏，字幼达。司马防的这八个儿子，在当地很出名，由于他们的字都有一个"达"，因此，附近的人们称他们八兄弟为"司马八达"。

"八达"此类的称呼具有很强的时代特征。东汉末年，士人关心政治，常常聚在一起议论朝政，并互相标榜，喜欢用古代贤人或美好的字眼称呼，比如"八元"、

司馬懿

司马懿像

"八凯"。东汉政治腐败，宦官专权，一些官僚与在洛阳读书的太学生结成联盟，反对宦官和朝政腐败，在这个群体中，人们推崇有影响而且情操高洁的人，并给他们起了不少雅号，如"三君"、"八俊"、"八顾"、"八及"、"八厨"等。如果一个家族中人才济济，当时人也喜欢用一个好词概括他们，如颍川荀淑的八个儿子被人称为"八龙"、襄阳马良五兄弟被称为"五常"——司马氏家的"八达"也是这个意思。

司马家族在司马懿以前，有以下几个特点：

1. 世代为官。司马懿的祖父辈，三代（钧、儁、防）均为两千石以上的高官，可谓高门望族，远近闻名，属于士族阶层。

2. 司马家族有一定的文化传承。司马防"雅好《汉书》名臣列传，所讽诵者数十万言"。司马懿"博学洽闻，服膺儒教"，其家风受礼教影响较深。不过，后来随着司马氏政治地位的变化，其所作所为与儒家标准的距离越来越远。

3. 司马懿的父兄与曹操关系密切。其父司马防，早在熹平三年（公元174年）就推荐了曹操为洛阳北部尉。曹操对司马防的荐举一直怀着感激之情，四十二年后的建安二十一年（公元216年）五月，曹操为魏王后，专门将司马防请到邺城叙旧。司马懿的长兄司马朗，自建安元年（公元196年）起便应辟为曹操掾属，官至兖州刺史，是建安时期曹操集团的重要人物，与曹操关系不错。

仲达隐居，静观时势

司马懿是司马防的次子，他自幼聪明，远近闻名。

河内的老乡杨俊，素来以知人闻名。司马懿的大哥司马朗很有名气，司马懿的同族哥哥司马芝则默默无闻。杨俊却说："司马芝虽然名气没司马朗大，但他却有原则，有韧性，这是司马朗比不过的。"后来，司马朗官至曹魏兖州刺史，病死在伐吴前线，死时四十七岁；而司马芝则历任曹魏河南尹、大理正、大司农，正直无私，果如杨俊所言。这位杨俊后来官至南阳太守，在见到司马懿的时候，司马懿才十五六岁的样子，杨俊一见之下，就说："你可是一个非同寻常的人啊！"还有一位叫崔琰的人，后来官至曹魏尚书，与司马朗私交很好，也曾对司马朗说："君弟聪亮明允，刚断英特，非子所及也。"（《晋书·宣帝纪》）意思是说：你弟弟司马懿不仅聪明过人，而且刚毅果断，他可是一代英雄人物啊，不是你老兄所能比的！"

建安六年（公元201年），司马懿二十三岁。在这一年，司马懿被河内郡推荐为本郡的上计掾（负责年终向朝廷汇报政绩的低级官员）。当举荐信送到司空府时，听说过"司马八达"事情的司空曹操，当即征召司马懿到自己的司空府为官。曹操选中司马懿，当然有笼络人才的意

思，不过在曹操的内心深处，还有另外一层鲜为人知的情愫。曹操年少无赖，举孝廉为郎，当时任京兆尹的司马懿之父司马防，举荐曹操任北部尉，这是曹操一生中担任的第一个官职，曹操对司马防是一直心存感激的，此次征召司马懿，曹操自然也有报恩的意思。

但是，当曹操所派使者来到河内郡传达了曹操的意思之后，司马懿却拒绝应征，推辞说自己有风痹病（手足麻木），不能正常饮食起居。曹操不相信，因为曹操本人对装病可是行家里手。据《曹瞒传》记载，曹操年少行为不端，叔父多次到曹操父亲曹嵩处告状，一次曹操看见叔父，突然假装嘴眼歪斜，叔父大惊，询问缘由。曹操说自己是中风了。等曹嵩闻讯叫来曹操的时候，曹操却一切如常。曹嵩说："你叔父说你中风了，是不是现在好了？"曹操说："我压根就没中什么风，只是叔父不喜欢我，才骗你呢。"从此，曹操的叔父向曹嵩汇报曹操的不端行为，曹嵩再也不相信了。所以，装病这把戏，是曹操年幼之时玩剩下的，司马懿今天这样，曹操岂不生疑？听了汇报以后，曹操派人前往河内，偷偷对司马懿家进行监视。

司马懿发现后，就假装犯病，从早到晚，一动不动地躺在那里。刺探情况的人虽经仔细观察，也没有发现破绽，拿刀子对准司马懿直刺过去，司马懿依然直挺挺地躺着，"坚卧不动"。刺探情况的人回去报告了曹操，曹操虽然知道这是司马懿装出来的，但也无可奈何。

司马懿在装病期间，有一次差点儿露馅儿。

一天，司马懿让人把书放在院子里晒晒，自己半躺在屋檐下，边看书边晒太阳，十分惬意。谁料天有不测风云，刚才还是阳光灿烂，突然之间，就是阴云密布，眼看就要大雨倾盆。但此时，司马懿的夫人张春华和婢女又都不在身边。说时迟，那时快，雨点噼噼啪啪地就落了下来。

躺在床上的司马懿，眼看心爱的书籍就要遭受灭顶之灾，他看看四周无人，就匆忙从床上站起来，跑到院子里去收书。这一情景，正巧被慌忙赶来收书的婢女碰见。不明真相的小婢女惊讶得捂着嘴，"啊"地叫了一声。

司马懿听到婢女的叫声，怅然若失，愣在了那里。此时，司马懿的夫人张春华也赶来了，她忙把呆若木鸡的司马懿搀回屋，然后若无其事地与婢女一起把书本收拾完毕。

张春华为了防止走漏风声，引来灭顶之灾，就把婢女叫到厨房，亲自持刀将其杀死灭口。

据《晋书》记载，张春华是曹魏正始八年（公元247年）四月死的，享年五十九岁，再过四年，到了曹魏嘉平三年（公元251年）八月，司马懿也死了，享年七十三岁，也就是说司马懿比张春华大十岁。当年的司马懿只有二十三岁，计算下来，张春华那年顶多只有十三四岁。

一个十三四岁的小女孩对另外一个十岁左右的小女孩，竟然下此毒手！

至于司马懿夫妇是如何善后的，史书并没有记载。史书只是记载，家中唯一的婢女死了，从此以后，张夫人只得亲自下厨做饭。

像司马懿这般阴毒之人，有张春华与之做伴，可谓绝配。书上说，司马懿"由是重之"。

至于司马懿为什么装病拒绝曹操的征召呢？建安五年（公元200年）十月，曹操与袁绍在官渡会战，曹操击败袁绍，袁绍退回河北。应该说曹操是挟战胜之威征召司马懿的，可是他为什么还高卧不起呢？他要做

隐士吗？以司马懿的性格，肯定不是。那到底又是什么原因呢？仔细分析起来，大致有以下几点：

其一，司马懿稳妥的性格。从司马懿的整个人生历程上看，他的性格有一个突出的特点，那就是始终稳中求稳，不论做什么事情，在看不清局势、没有十分把握的时候，他宁愿等待，也绝不会出手，但是一旦出手就要成功。

其二，当时的局势。曹操在官渡之战中虽然击败了袁绍，但袁绍经过短暂休整和经营，已经出兵平复了曾经投降曹操的城池，逐渐稳定了河北局势。而曹操也只是陈兵河上，还不敢深入河北，与袁绍决战，双方可以说是以黄河为界，陷入了僵持。就袁曹实力而言，官渡之战只是意味着袁绍压倒性的优势暂时丧失，曹操也并没有捞到太大的好处，双方究竟鹿死谁手还不十分明朗。曹操也是等到六年以后的建安十二年（公元207年），在袁绍死后，趁着袁绍诸子内乱，才彻底平定了河北。就曹操的其他对手而言，各地军阀无数，官渡之战时，孙策就想乘虚进攻许昌；而刘备也并未销声匿迹；荆州刘表也不是酒囊饭袋，正乘机南下，攻击张羡、张怿父子，并占领了长沙（今湖南长沙）、零陵（今湖南永州）、桂阳（今湖南郴州）等地，大大地扩充了自己的实力。仅举这三例，可以看出，当时的曹操虽然"挟天子以令诸侯"，虽然取得了官渡防御战的胜利，但曹操阵营的未来尚存在诸多变数。可以说，司马懿是在等待。

其三，司马懿老家所处的位置。司马懿所处的河内郡（河南境内黄河以北地区，汉代治所在今河南武陟县），是曹袁两方的结合部。司马懿投奔任何一方，对于整个家族的影响都将是十分巨大的，这也在一定程度上增加了司马懿下决心的难度。

最后一点，则来自于司马懿的一个心结——受儒家传统道德思想影响。这一点也是史学家们常说的一点，那就是司马懿家族是"服膺儒教"的，正如后来司马炎诏书上称的那样，自己家世代都是"诸生"，是知识分子，是属于士大夫阶层的。而曹操呢？曹操的爷爷曹腾是阉宦，父亲曹嵩是曹腾的养子，曹操的亲爷爷无从考证，而曹操本人又是"赘阉遗丑，本无令德，僄狡锋侠，好乱乐祸"（见《三国志·魏书·袁绍传》裴注引《魏氏春秋》载陈琳檄文）。年轻时候的曹操"任侠放荡，不治行业"，这与"服膺儒教"的司马氏家族在理念上是格格不入的。在司马家看来，曹操就是一个暴发户，还属于阉宦寒门，不仅没有什么威仪，而且也没有什么名望。在司马懿看来，曹操不过是一个趁着天下大乱钻出来的混混，他能长久吗？就在建安五年（公元200年）正月，许昌还发生了董承企图刺杀曹操的阴谋，虽然董承没有成功，但也说明了曹操的后方危机四伏。

既然名不正，就言不顺。"士子羞与为伍"，司马懿从内心里看不起曹操。

实际上，司马懿虽然不愿意到曹操那里任职，但内心深处还是关心政治、愿意从政的。正如《晋书·宣帝纪》所说：司马懿处于汉末大乱之时，"常慨然有忧天下心"。然而现实不如人意，怎样办呢？

按照儒家传统，天下有道则仕，无道则隐。中国古代一些隐士不接受朝廷之聘，原因很多，有的是不愿参政，以求自保；有的是待价而沽，希望得到更好的待遇；也有的是期待明主知音，时机合适还是要出山的。司马懿拒绝曹操，显然是等待他认可的政治家出现。

反观曹操，自公元196年控制汉献帝后，不断发展势力。为扩大影响，加强政权的社会基础和吸引力，他不遗余力地拉拢当时有影响的大族名士和地方豪强，对司马懿这样有影响的人物，曹操自然是不会轻易放过的。

被迫出山，投奔曹营

转眼间，又过去了整整七年。大约在公元208年，司马懿还老老实实地待在自己的家乡，过着时病时好、亦官亦民的生活。

而在这七年间，中国北方的政治格局已经发生了巨大的变化。

建安六年（公元201年），曹操击败汝南（今河南平舆县）的刘备，迫使刘备再次向南逃亡。

建安七年（公元202年），曹操再次进军官渡（今河南中牟县东北），五月，袁绍病死，少子袁尚继位，袁尚的大哥袁谭自称车骑将军，二哥袁熙为幽州（治所今北京市）刺史，表兄高干为并州（治所今山西太原）刺史。曹操趁袁绍去世，渡过黄河进入河北，袁谭、袁尚连败固守。为挽回败局，袁尚命令高干裹挟着河东太守郭援（钟繇外甥）和匈奴南单于从右翼南下河东，河东郡（今山西省西南部，郡治在今山西省永济市东南）的郡吏贾逵（贾充之父）城破被捉，被放进土窖，后被侠士祝公道救出。曹操派遣钟繇说动陇西（陇山以西，今甘肃东

南部）马腾相助，在平阳（今山西临汾）城下，马超的校尉庞德击杀郭援，收降南单于。曹操企图说降孙权，孙权被部将周瑜劝阻。

建安八年（公元203年），曹操再次出兵河北，打败袁谭、袁尚。之后，曹操听从郭嘉之谋，暂时放弃对二袁的进攻，等待他们之间内讧，转兵南下荆州进攻刘表。果然，在曹操南进以后，袁尚和袁谭就发生了争斗，袁谭派辛毗向曹操求救，曹操随即与袁谭和解，并为儿子曹整聘袁谭之女为妻。

建安九年（公元204年），袁尚再次出兵平原（今山东平原县），攻击大哥袁谭。曹操乘虚攻破袁尚老巢邺县（今河北临漳县）。袁尚被迫北上投奔二哥袁熙。高干投降。击败袁尚以后，曹操立马翻脸，指责袁谭背约，并送还了袁谭之女。

建安十年（公元205年），曹操击杀袁谭。袁熙部将焦触、张南叛归曹操，袁熙、袁尚逃奔辽西乌桓。高干唇亡齿寒，叛变曹操。

建安十一年（公元206年），曹操亲上太行，平定高干。开始开凿运河，准备击灭乌桓。

建安十二年（公元207年），曹操长途奔袭，大破乌桓，斩蹋顿，胡人、汉人投降二十余万人。辽东公孙康杀袁熙、袁尚。

建安十三年（公元208年），曹操开始训练水军，为南进做准备工作。

就在这一年，曹操再次想起了七年前的司马懿。如今的曹操已经身为汉朝丞相，集朝廷大权于一身，已非往日可比。这一次，曹操决定第二次召司马懿入仕，准备让他担任丞相府文学掾（辅佐读书教育的官员）。为防止司马懿再次推托，对派去的人命令道：若再推辞不来，就地逮捕！

司马懿见来人态度强硬，也不再装病了。他主要是害怕被曹操给害了，只好答应。就这样，司马懿结束隐士生活，被迫出山，开始走上政治舞台。

出谋划策，获得信任

建安十三年（公元208年），司马懿顺从地做了曹操的幕僚，官职是丞相府文学掾。随后，又被任命为黄门侍郎（皇帝的值班卫士），转为议郎（与黄门侍郎均为郎官，但皇帝出巡时，议郎不必扈从侍卫），又被升为丞相东曹属（曹操为丞相后，下设东、西曹掌管人事工作：东曹主管二千石官员的任免，西曹主管丞相府官员的任免。其负责人员正者称掾，副者称属），成为主管全国地方官员任免的副职，相当于吏部侍郎，后又升为主薄，即丞相府的秘书长。

众所周知，曹操这个人猜忌心、防范心都很强，他身边的人能够与他和平相处、平安无事非常不容易。稍不小心，就会引来杀身之祸，这样的例子太多了。

曹操身边的谋士和大臣，有不少人并非是他的政敌，也不是存心反对他，只因为说话无遮拦或个性鲜明而得罪他，结果被杀，有人被杀甚至是莫须有的罪名！

对此，《三国志》作者陈寿是这样评论的："太祖性忌；有所不堪

者，鲁国孔融、南阳许攸、娄圭，皆以恃旧不虔见诛，而琰最为世所痛惜，至今冤之。"

曹操身边虽然有不少人因得罪曹操而被杀，而司马懿却从公元208年到曹操身边任职，一直到公元220年曹操死，十二年间都平安无事，他是用什么办法获得了敏感多疑的曹操的信任呢？简单说，是司马懿处处谨慎小心，进退有据，说话办事十分注意把握"度"，善于保护自己，从而赢得了曹操的信任。具体讲，司马懿在以下三方面做得非常出色：

其一，工作勤恳，尽职尽责。《晋书·宣帝纪》记载，司马懿"勤于吏职，夜以忘寝，至于刍牧之间，悉皆临履，由是魏武意遂安"。司马懿平时工作十分勤勉，夜以继日，甚至连割草放牧这样的小事，全都亲自过问，曹操这才逐渐放心。

其二，曲意迎合，以求好感。曹操晚年，权势强大，代汉称帝时机日益成熟，可是曹操却坚持不称帝，这表现了曹操顾全大局，具有政治家的胸怀。因为他一旦称帝，就会成为众矢之的。其实曹操何曾不想称帝，他只是以理性控制自己的欲望，这正是他的高明之处。司马懿深知曹操的矛盾心理，便有意投其所好，以求好感。

有一年，孙权给曹操写了一封信，建议曹操顺应天命，代汉称帝。曹操一眼看穿了孙权的真实用意，说："此儿欲踞吾著炉炭上邪！"（《晋书·宣帝纪》）——这小子是想把我放在炉火上烤呀！显然，曹操骂孙权是从维护天下稳定这一大局出发的，而内心却是在极力压抑当皇帝的欲望。（曹操说过："若天命在吾，吾为周文王矣。"）

当时正在曹操身旁的司马懿也看到了孙权的信，立即说："汉运垂终，殿下十分天下而有其九，以服事之。（孙）权之称臣，天人之意

也。虞（舜）、夏、殷、周不以谦让者，畏天知命也。"此话的意思是，现在天下大部分已归您所有，您可以顺应天命称帝了。虞（舜）、夏、商、周等先王都是这样做的呀！这番话极力投其所好，让曹操高兴。虽然曹操没有称帝，但司马懿却赢得了曹操的好感。

其三，献计献策，展示才华。曹操很重视下属的实际本领，量才录用，任人唯贤。但是如果耍小聪明，对曹操有不敬之举，他是不能容忍的——因此而得罪曹操被杀的人可不算少。司马懿是才华横溢之人，但他又很清楚曹操的性格。所以，他尽量做到既展示才华，又不过分张扬，更不与曹操发生冲突，点到为止，不温不火。

在这一时期，司马懿的才华表现在三方面。

第一，得陇望蜀，具有战略眼光。

建安二十年（公元215年），司马懿随曹操征讨张鲁。张鲁原来在益州牧刘焉手下做官，后来被派往汉中驻守。汉中在今陕西南部，是进入四川的必经之路，战略位置十分重要。张鲁到达汉中后，自以为羽翼丰满，便宣布脱离刘焉，建立了割据政权。曹操认为，张鲁政权的存在，对他是个威胁，决定进行征讨。曹操大军逼近汉中后，张鲁见抵挡不过，便投降了曹操。在张鲁决定向曹操投降的时候，司马懿向曹操建议说："现在刘备刚占领蜀地，人心并没有归附，如果我们乘胜进军，刘备势必土崩瓦解。由此之势，很容易建立功业，可不要丧失时机呀！"显然，司马懿是希望曹操乘胜进军，一举夺取益州。按当时曹操和刘备的力量对比，曹操是有可能趁刘备立足未稳拿下益州的，即使打不下来，也可以震慑刘备。但曹操似乎没有勇气继续南下攻占益州，他说："人苦无足，既得陇右，复欲得蜀！"——人苦于不知足，我们何必得陇望蜀？他没有听从司马懿的意见，司马懿也很知趣，不再坚持。曹操占领了汉中，虽然没有继续南下攻蜀，却使刘备大为震惊，刘备的部下黄权对刘备说："失去了汉中，等于割去了蜀的四肢，非常危险！"刘备深知汉中重要的战略位置，决定把汉中从曹操手中夺回来。公元219年，曹操的一员大将夏侯渊在定军山被斩杀，曹军粮食供应也发生困难，曹操感到再坚持下去意义不大，决定放弃汉中。

"得陇望蜀"这句成语，就是从这个故事中得出的，形容人太贪心不知足。司马懿的这个建议是贪心不知足吗？其实，他的这一策略的立足点高，认为得到汉中后，乘胜进军，以攻为守，即使不能完全消灭刘备，也可以重创刘备，以保汉中不丢。从这点看，他具有战略眼光。曹操没有采纳司马懿的建议，结果使汉中得而复失，还损失了一员大将。

第二，兴办军屯，具有经济头脑。

军粮是军队的重要物质基础。东汉末年，社会动乱，农民流散，土地荒芜，军队粮食奇缺，曹操为解决军粮问题，于公元196年实行屯田，把流散的农民组织起来，以管理军队的方式组织生产，屯田当年就大见成效，这叫民屯。建安末年，战争减少，司马懿又向曹操提出利用军队屯田的建议。他说：现在国内有二十万人不耕种，这不是治国的好现象，虽然这些军人"戎甲未卷"，仍然服役，但也应"且耕且守"，且耕且守就是军屯。曹操采纳了这个建议，命令军队不打仗时种地，从事生产，"务农积谷，国用丰赡"。建议实行军屯是司马懿对曹魏政权的一大贡献，减轻了政府的负担。

第三，利用矛盾，显示军事才能。

建安二十四年（公元219年），镇守荆州的蜀将关羽率军攻魏将曹仁

于樊城（今湖北襄樊）。关羽引汉水淹樊城，驻扎樊城的于禁七支部队全部被淹，史称"水淹七军"。此时关羽声势大振，威震中原。曹操担心樊城失守，许昌不稳，打算迁都河北，以躲避关羽的锋芒。司马懿时为曹操的军司马，他经过认真分析局势后，向曹操建议：第一，于禁虽遭水淹，但整个战局没有失败，如果迁都，不仅会造成"示敌以弱"，还会造成民众不安、政权不稳，所以不能迁都。第二，孙权、刘备明和暗不和，"外亲内疏，羽之得意，权所不愿也"，应与孙权秘密联合，让孙权在后面牵制关羽，前后夹击，打败关羽，解救樊城之围。

曹操采纳了司马懿的这个建议，派使者去见孙权，魏、吴经过密谋，达成了联合进攻关羽的计划。孙权派吕蒙奇袭江陵，夺回荆州；曹操则派将军徐晃进攻樊城。在魏、吴军队南北夹击下，关羽丢失荆州，败走麦城，最后兵败被杀。这一仗的胜利，展示了司马懿善于利用矛盾、击破敌人的军事才能。

司马懿的才华和对曹魏政权的贡献使曹操改变了对他的态度，由猜忌变为信任，甚至让司马懿担任太子中庶子——太子的侍从亲近之臣，辅佐曹丕。

历任要职，政绩卓著

建安十八年（公元213年）五月，曹操被封为魏公，加九锡，从封冀州十郡，到建安二十二年（公元217年）四月，曹操称魏王，用天子旌旗，魏国作为一个汉王朝的国中之国，正式建立起来。同年，曹丕夺嫡成功，司马懿也被曹操任命为太子中庶子，成了曹丕的属官，纳入了魏国未来人才储备库中。他与吴质（魏文帝时为振威将军、假节）、陈群（魏文帝时为司空、开府）、朱铄（魏文帝时为中领军）为曹丕所钟爱，被称为"曹丕四友"。

曹丕，字子桓。他是曹操与卞夫人的长子。东汉中平四年（公元187年）冬，曹丕生于谯县（今安徽亳州）。少有逸才，广泛阅读古今经传、诸子百家之书。年仅八岁，即能为文。建安二十二年（公元217年），曹丕运用各种计谋，在司马懿、吴质等大臣帮助下，在继承权的争夺中战胜了弟弟曹植，被立为魏王世子。延康元年（公元220年），魏武帝曹操去世，世子曹丕继位为魏王、丞相、冀州牧，他对外平定武威三种胡、酒泉和张掖的叛乱，从刘备集团手里收复上庸三郡；对内积极调节曹氏与士族之间的矛盾，果断采纳陈群的意见，确立九品中正制，成功缓和了曹氏与士族的关系，取得了他们的支持，为称帝奠定基础。当年十月，逼迫汉献帝禅位，登基为帝，定国号为大魏，改元黄初，改雒阳为"洛阳"，定都于此。魏文帝曹丕是魏朝开国皇帝，也是三国时代第一位皇帝，结束了汉朝四百多年统治。

其实，在曹丕还是太子时，司马懿和太子的关系就非常要好。这时的他就开始利用太子对自己的喜爱崭露头角，他遇事办法多，"每与大谋，辄有奇策"，成为朝廷上举足轻重的人物。曹丕率军征战，司马懿镇守后方，为前方保证军需物资。曹丕对司马懿十分敬重、信赖。凭借与曹丕的亲密关系，司马懿的势力不断发展，影响力不断扩大。

曹丕袭职即王位后，司马懿被任命为丞相府长史，主管丞相府的日常工作。曹丕称帝后，又被任命为尚书。不久转为督军、御史中丞，封安国乡侯。黄初二年（公元221年），督军官职撤销，迁为侍中（皇帝左右的亲信）、尚书右仆射（尚书省的副长官）。尚书省的长官是尚书令，当时担任尚书令的是老臣陈群。黄初五年（公元224年），司马懿改封向乡侯，转抚军、假节，领兵五千，加给事中、录尚书事，兼管尚书省的事务，实际总管朝廷政务。

黄初七年（公元226年）五月，曹丕死，其子曹叡即位，即魏明帝。曹丕临终时，令司马懿与中军大将军曹真、镇军大将军陈群、征东大将军曹休为辅政大臣。

曹叡时期，司马懿开始担任军事长官。后任大都督、太尉，主管全国的军事，曹魏政权的政事、军事均由司马懿掌控。

司马懿的职位为什么会不断提升呢？主要是他在任期间胜任其职，政绩卓著，足智多谋，做了不少对曹魏政权非常有益的重要事情，充分展示了他的才干，这对于提高司马懿的威望和影响起了重要作用。比如军屯方略的提出，对曹魏政权的巩固确实起了非常重要的作用。不过曹操采纳军屯建议仅两年就去世了，大规模推广军屯，是在曹魏建国后。

曹魏军屯基地主要设置在与吴、蜀的军事对立地带，其中两处比较大，一处是处在与蜀汉的邻近地区。如在长安、槐里（今陕西兴平）、陈仓、上邽（今甘肃天水西南）等地，都设置有民屯和军屯组织。其中，上邽的军屯最著名。这个军屯基地，是在太和四年（公元230年）由司马懿上表倡议设立的。《晋书·食货志》称："宣帝表徙冀州农夫五千人佃上邽，兴京兆、天水、南安盐池，以益军实。"主持具体事宜的，是度支尚书、司马懿的三弟司马孚。《晋书·安平献王孚传》称：

关中连遭贼寇，谷帛不足，遣冀州农丁五千屯于上邽，秋冬习战阵，春夏修田桑。由是关中军国有余，待贼有备矣。

由此可见，上邽军屯是在司马懿、司马孚兄弟的共同筹划下开创的。

青龙三年（公元235年），关东饥馑，司马懿调运五百万斛粟输京师洛阳，以资救济。可见他在关中储积有大量粮食。

曹魏军屯另一处在与东吴邻近的地区，主要是在淮河南北。正始二年（公元241年），司马懿主持对吴作战时，与尚书郎邓艾筹划在淮南、淮北创建军屯。正始三年（公元242年），司马懿"奏穿广漕渠，引河入汴，溉东南诸陂，始大佃于淮北"（《晋书·宣帝纪》）。正始四年（公元243年），司马懿又在这一地区"大兴屯守，广开淮阳、百尺二渠，又修诸陂于颍之南北，万余顷。自是淮北仓庾相望，寿阳至于京师，农官屯兵连属焉"（《晋书·宣帝纪》）。《晋书·食货志》记载司马懿、邓艾创建的淮南、淮北屯田："淮北二万人、淮南三万人分休，且佃且守。水丰，常收三倍于西，计除众费，岁完五百万斛以为军资。六七年间，可积三千万余斛于淮北，此则十万之众五年食也。……自寿春到京师，农官兵田，鸡犬之声，阡陌相属。每东南有事，大军出征，泛舟而下，达于江淮，资食有储，而无水害。"

司马懿和邓艾所进行的大规模的屯垦，对促进北方经济的恢复和发展，特别是对增加曹魏的财力，支持与东吴的战争，起了重要的作用。

足智多谋，平定叛乱

黄初七年（公元226年）曹丕驾崩，司马懿与曹真、曹休、陈群四人被曹丕任命为顾命大臣。

对曹丕来说，曹真和曹休是宗室，而司马懿和陈群是亲信，二对二，力量平衡。然而，曹丕没考虑到人的寿命和各自的能力问题。随着时间的推移，这种平衡将最终被打破。

同年八月，孙吴因曹丕驾崩而趁机兴兵攻击魏国的江夏、襄阳，魏明帝曹叡派遣司马懿，率军击退进攻襄阳的吴国诸葛瑾，并杀掉了吴国将领张霸，这是司马懿第一次带兵展示自己的才能，在新皇帝面前大大地露了一回脸。同年十二月，曹叡进封司马懿为骠骑将军。至此，司马懿可以自己开府治事，有了自己的办事机构和属于自己的军队。与此相呼应，司马懿的摇尾系统吴质等人也在洛阳大肆称赞司马懿"忠智至公"，是"社稷之臣"。司马懿在洛阳的名声鹊起。

第二年，即公元227年，新皇帝曹叡改元为太初元年。名声日隆的司马懿受到曹真等人的猜忌，被排挤出了朝廷，被曹叡任命为都督荆州、豫州二州诸军事，驻军宛城（今河南南阳），负责曹魏帝国西南边境安全。而此时，司马懿以后的老对手、蜀国丞相诸葛亮，也刚刚写完《前

出师表》，他领兵驻屯汉中（今陕西南郑），为第一次北伐做着准备。

从这一年的年尾到第二年的年初，司马懿又一次展现出过人的军事才能，为曹魏后期的"战神"地位打下了良好的基础。而成就司马懿这一切的，都与一个人有关，那就是孟达。

孟达（？～公元228年），字子度，扶风（今陕西兴平东南）人。孟达原为益州刘璋属下，他与老乡法正、益州别驾（刺史的副手）张松关系很好。建安十六年（公元211年），刘璋在张松的鼓动下联络刘备，派法正和孟达各率两千人马去迎接刘备。见到刘备以后，法正建议刘备趁机占领四川，刘备先派法正回成都复命，留下孟达统领四千人马驻扎在江陵（今湖北荆州），帮助守备老巢。然后，刘备率军入川，并于建安十七年（公元212年）举兵反攻刘璋，经过建安十八年（公元213年）整整一年的围攻，终于在建安十九年（公元214年）攻下了成都。战后论功行赏，刘备任命孟达为宜都（今湖北宜昌市境）太守。

关羽败走麦城时，曾向孟达求援，但孟达却见死不救，结果使关羽被杀。刘备对关羽之死痛心疾首，憎恨孟达，孟达于是投奔曹魏。魏文帝曹丕对孟达不错，司马懿则认为他言行不一，是个投机小人，不可信任。然而，曹丕却不听，还任命孟达领新城（今湖北房县）太守。魏文帝死后，曹叡即位，孟达感觉失宠，又想叛魏归蜀。此时诸葛亮已在西线（甘肃）出兵伐魏，为分散魏军力量，他想利用孟达从东线向曹魏都城洛阳进攻。诸葛亮也知道孟达多变，反复无常，为了促使孟达早日举事，诸葛亮故意泄露消息，以逼迫孟达不得不反。

孟达准备叛乱的消息传到驻守在宛城（今河南南阳）的司马懿那里，司马懿一听，感到应该先用计稳住孟达，于是写了一封信送给孟达。信中说：

> 将军昔弃刘备，托身国家，国家委将军以疆场之任，任将军以图蜀之事，可谓心贯白日。蜀人愚智，莫不切齿于将军。诸葛亮欲相破，惟苦无路耳。模之所言，非小事也，亮岂轻之而令宣露，此殆易知耳。（《晋书·宣帝纪》）

这封信的大意是说，有关他起事的传闻不足信，必定是诸葛亮造的谣，他早想除掉你，才用了这种离间计，你不必轻信。

孟达得信后，果然上当，开始犹豫不决起来。而司马懿却一面上报朝廷，一面不等朝廷命令到来，即火速率军进讨。他亲自率军日夜兼程，八天后就从南阳抵达新城（今湖北房县）城下。吴、蜀两国也派出援兵解救孟达，却被司马懿部拦阻于西城的安桥（今陕西安康西南）、木阑塞（今陕西旬阳东北）等地。此前，诸葛亮曾告诫孟达加紧防范，不要上当，孟达写信给诸葛亮，认为"宛去洛八百里，去吾一千二百里，闻吾举事，当表上天子，比相反覆，一月间也，则吾城已固，诸军足办。则吾所在深险，司马公必不自来；诸将来，吾无患矣"（《晋书·宣帝纪》）。等到兵临城下，孟达才面如土色，惊叹司马懿进军神速。

司马懿带领魏军出其不意地进逼新城后，在孟达军中引起了一片恐慌。孟达原来以为司马懿请示朝廷后率兵至此少说也要一个月，于是按一个月的时间安排了加固城墙的任务。新城内粮草充足，"孟达众少而食支一年"，而司马懿劳师远袭，粮草不可能带多。虽然魏军人数多，"将士四倍于达，而粮不淹（超过）月"。孟达打算待坚固的工事修成后，坚壁不出，等司马懿粮草不足退兵时，再突发袭击，定能取胜。哪知司马懿仅八天便到了新城，一下子打乱了孟达的部署，新城加固尚未

完工，城墙不够坚固的弱点一下子暴露了出来。

太和二年（公元228年）正月，司马懿兵分八路开始攻城，一直攻了十六天，孟达的外甥邓贤、部将李辅开城投降。魏军入城，擒斩孟达，传首京师，俘获万余人。

司马懿剿灭孟达的新城之战，先是多方误敌，麻痹敌人，然后在敌人准备不足之时，迅速围城，取得了全胜。在进攻新城的同时，还派出两路人马对于增援新城的吴蜀部队扼险阻击，保证了战役的胜利。平定了孟达，司马懿仍然驻军宛城，他奖劝农桑，禁止浮费，南方的吏民都心悦诚服。

司马懿在平定孟达之战中，有勇有谋，用兵果断神速，毫不迟疑，大获全胜，显示了卓越的军事家风范。

司马诸葛，谋略对决

司马懿和诸葛亮都是三国时期一流的军事家，二人年龄相仿，司马懿生于公元179年，诸葛亮生于公元181年。司马懿比诸葛亮大两岁。诸葛亮是家喻户晓的政治家、军事家，是尽心竭力辅佐刘禅的贤相，和司马懿相比，他俩谁的谋略更高一筹呢？其实，他们的真正对决，是诸葛亮的第五次北伐与第六次北伐。他们的对决，也是智慧和谋略的较量。

诸葛亮晚年，倾蜀国全部力量北伐曹魏，以实现"收复中原，兴复

汉室"的夙愿。从公元228年以后，诸葛亮一共北伐中原六次，即所谓的
"六出祁山"。在抵抗蜀军北伐的战争中，前四次指挥战役的是大将军
曹真，司马懿指挥的是最后两次战役，司马懿就是在这两次战役中与诸
葛亮一决高低的。

　　魏明帝太和二年（公元228年），诸葛亮第一次出祁山（今甘肃西和
县西北）。当时，从汉中北进，有两个方向四条通道。一个方向是出秦
岭入关中。在这个方向上有两条通道：一是出秦岭子午道，进入关中；
二是经秦岭褒斜道，出斜谷，进入关中西部；这两条通道谷长路险，均
有栈道，大军行动比较困难。另一个方向是往西经阳平关进入陇山，在
这个方向上有两条通道：一是出阳平关，经故道、散关，进入陇东；二
是出阳平关，经武都、建威到陇右的祁山出天水；这两条通道道路较
远，但略为平坦。诸葛亮不用魏延以奇兵出子午谷直逼长安之计，而是
事先扬声走斜谷道取郿，让赵云、邓芝设疑兵吸引曹真重兵，自己率大
军攻祁山，陇右的南安、天水和永安三郡反魏附蜀。张郃出拒，大破马
谡于街亭。诸葛亮拔西县千余家返回汉中。

　　魏明帝太和二年（公元228年）年底，诸葛亮开始了第二次北伐，出
散关，包围陈仓（今陕西宝鸡西南），当时驻守陈仓的是将军郝昭，攻
打二十多天未破，军粮吃完，另外张郃部队从方城召回，不得已又退回
汉中。

　　魏明帝太和三年（公元229年）的春天，诸葛亮开始了他的第三次
北伐。这次，诸葛亮的战略目的，不再企图一下子占领陇西诸郡，而是
把目标缩小到消除汉中的西部隐患，保障汉中西部安全。在诸葛亮的率
领下，蜀军很快就占领了处于汉中西部的武都（今甘肃成县西）、阴平

（今甘肃文县西北），并在那里驻扎了军队。魏将郭淮企图救援，却被诸葛亮出兵威胁后方，郭淮不得不退却。此次北伐以蜀国占据了两个人烟稀少、处于崇山峻岭之中的魏郡为结束。

魏明帝太和四年（公元230年），魏明帝晋封曹真为大司马，使之成为了曹魏的第一军人；又晋封司马懿为大将军，成为曹魏第二军人；晋封远在辽东的公孙渊为骠骑将军（名义上的称号，也是为了羁縻公孙渊）。

这年的秋天，魏明帝即命令曹真从北路长安出发，由子午谷（北口在陕西宁陕县北，南口在洋县东）南入；司马懿从东路宛城出发，溯汉水而上，进攻汉中，约定两支大军在南郑（今汉中南郑县）会师。对于魏国数道并进的进攻，诸葛亮自己屯兵于成固、赤坂以待子午、汉水两路魏军。结果，老天不作美，连日大雨滂沱，平地一片泥泞，崇山峻岭之中，时时出现泥石流险情，栈道断绝。这雨一下就是三十多天，战争还未打响，魏军的战斗力已经丧失了一半。

此时的曹真，决定与士卒同甘共苦，由于部队的粮饷不足，他把自己的家财也拿出来分发给将士们。但是，从天而降的瓢泼大雨却丝毫没有停止的迹象，曹军士气大受影响。

最终，魏军的这次出兵根本就没看到蜀军的影子，自己却来了个千里大游行，二十多万人来回瞎跑了上千里，又淋了大雨，无奈之下，只得退去。

魏明帝太和五年（公元231年），诸葛亮开始了他的第五次北伐。因此时曹真病故，司马懿临危受命，朝廷调任他都督雍、梁二州诸军事，代替曹真主持西部战区对蜀作战。当时，魏明帝曹叡对司马懿说："西方有事，非君莫可付者。"（《晋书·宣帝纪》）可见，魏明帝对司马懿非常信任。

司马懿到达前线后，认真分析战争形势，认为诸葛亮善于治军，多次伐魏，虽然远道而来，但士气足、战斗力强，志在必得。不过，蜀军长途跋涉，战线太长，以前几次北伐，常因军粮供应不足而不能取胜，所以蜀军宜于速战速决，魏军则应采取拖延战术，使蜀军人困马乏、粮草供应短缺，可不战而胜。在战术上，只要有效地拦截蜀军，不使其前进就可取胜。后来战局的发展证明，司马懿的作战方针是正确的。

蜀军伐魏确实不易，从汉中穿过秦岭要行军数百里，路途遥远，军粮供给不足，是导致诸葛亮以前作战失利的主要原因。因军粮不足，所以以前的北伐时间都无法超过一个月。

但是，诸葛亮这次北伐有几个看点：一是蜀军首次用木牛流马运送军粮；二是因为在这年的三月，曹魏大司马曹真去世，司马懿首次作为主帅正面与诸葛亮对垒；三是司马懿一直尾随诸葛亮而不敢逼近；四是诸葛亮在退却的时候，设伏兵用弓弩射杀了张郃；五是在蜀国与诸葛亮一样是辅政大臣的李严被废黜，诸葛亮独揽蜀国大权。

两年前，诸葛亮派遣陈式占领武都、阴平，已经为今年的进攻方向埋下了伏笔。斜谷、

诸葛亮像

第一章　足智多谋，屡出奇策

箕谷和子午谷虽然与长安的垂直距离比较近，但是有层峦叠嶂作为天然屏障，山高路险，易守难攻。蜀国大军进发，不可能不走漏风声，魏军提前据险，不仅蜀军难以突破，而且部队极有可能被围歼。况且，道路崎岖，粮运极其困难。同时，即使出得谷来，前有坚城，后有深谷，进亦难，退亦难，风险巨大。因此，谨慎的诸葛亮只有远走较为平缓的武都、祁山，出兵陇上，这也是诸葛亮的一贯策略。

如果能全取陇上天水等郡，因粮于敌，并与塞外鲜卑柯比能等联络，对长安形成远距离包围的态势，然后再寻机夺取长安，那将是一个"先为不可胜而后待敌之可胜"的稳妥之计。

实际上，诸葛亮为这次北伐做足了准备。他首先是将武都、阴平收入囊中，为下一步进攻扫清了道路。其次，把用于防守东吴方向的李严所部也调到汉中，增加北伐军的力量。第三，屯积大量的粮草，并发明了木牛流马来运输粮草。第四，联络到了鲜卑柯比能、东吴孙权作为声援。

然而，诸葛亮的对手曹魏的情况，已远非他第一次北伐时可比。第一次北伐的时候，曹丕在位的七年间，蜀国前半段在与吴国交恶，后半段诸葛亮在平定南方，之后与民休息。因此，魏蜀之间一直没有发生战争，曹魏关中地区很久未见兵革。当时曹魏在关中的防御力量十分薄弱，所以当时魏延出子午谷之论，还真有出其不意、险中求胜的可能。即便诸葛亮不采纳魏延的计谋，如果马谡能够在街亭之战中击败张郃，由于陇上的南安、天水、永安等郡都已投降了蜀国，诸葛亮应该能够在陇西扎下脚跟。可是，机会失去了，就永远不可能再来。

而这次北伐已经不能够再用魏延的奇袭长安之计了，关中曹魏的兵力也非过去可比。魏蜀两国的边境线一直处于一种基本稳定的状态。要打破这种均衡，需要付出更大的努力。

关于这次北伐的记载，主要见于《晋书》、《三国志》、《汉晋春秋》、《魏略》等有关人物的传记中。但是《晋书·宣帝纪》与《三国志》《汉晋春秋》以及《资治通鉴》的记载有很大的不同。根据这些记载，可以简单概括出这场战役的大致经过。

战前态势：

魏国由大将军司马懿、征西车骑将军张郃、征蜀护军戴凌（黄初元年，因劝谏曹丕不要经常出去玩打猎，而被曹丕给予相当于"死刑缓期两年执行"的待遇）率领大军驻扎在长安附近；雍州刺史郭淮驻守陇西（今甘肃临洮县）；前将军费曜驻守上邽（今甘肃天水市）。将军贾栩（应该不是贾诩，《资治通鉴》写为贾诩，应当是写错了，文帝时贾诩已经位列三公，并于黄初四年去世，死时七十七岁）、魏平驻守祁山（今甘肃西和县西北）。

蜀国由诸葛亮亲统大军，将领有魏延、吴班、王平（又叫何平）、高翔等，李严在后方负责粮草供应，蒋琬副之。

至于双方投入的兵力至今众说纷纭，莫衷一是。郭冲《五事》甚至说魏国兵力达到三十万，对此种说法，南朝的裴松之已经指出错误百出，不足为信。双方各自的兵力应大致在十万左右。

战役首先从魏明帝太和五年（公元231年）二、三月份开始，诸葛亮率军从汉中出发，西上经过武都，直至魏国前沿据点祁山，并开始围攻。

在得知蜀军主力开始进攻祁山后，魏明帝立即命令司马懿率军自长安西进陇西，增援祁山；同时，令陇西郡的郭淮率军增援上邽，确保该二线战略据点的安全。

此时，大约张郃一是因为顾及子午谷和斜谷有可能出现的蜀军，二是对司马懿这个后辈的能力不太放心，三则也许不愿意给司马懿建功的机会。长久以来，张郃就在曹真的手下工作，并在曹真的直接指挥下，击败了马谡，从工作关系上看，张郃是曹真的人。作为曹真的人，张郃不能不知道曹真和司马懿之间的矛盾，如今自己却又在司马懿手下……

基于上述原因，张郃建议将部队分为前军与后军，前军前去营救祁山，后军继续驻屯雍州（治所长安）、郿县（今陕西眉县）一带，以为声援。

如果按照张郃的建议，前去战斗的将是张郃，并且张郃将拥有全部的前线指挥权。而作为大军主帅的司马懿，则只能驻扎在后方。

张郃小看了百变司马懿。

张郃的话一出口，就立即遭到了司马懿的否决，他决定亲自带领所有野战主力出击陇西，集中主力迎战蜀军。

诸葛亮在得知司马懿大军将西进增援祁山以后，除留一部分兵力继续围攻祁山要塞以外，他率领大部队迅速北上上邽，企图占领这个战略枢纽。

而此时，天又下起了连绵的雨，使得双方的战争变成了一场争夺粮食的竞争。

蜀汉一方由于补给线太长，下雨使道路变得更加泥泞，木牛流马也举步维艰，粮草又一次变得难以为继。而这种情况同样也困扰着魏国人：关中本来就乏粮，郭淮恩威并用，从胡羌百姓手中弄来了不少粮食，以补给司马懿大军，但是大雨使转运遇到了新的难题。

那么，上邽附近广袤的麦田就成了双方眼中的宝贝。

诸葛亮部队前插至上邽附近，开始化整为零，抢收这里的小麦。

此时上邽城中驻守着郭淮、戴凌、费曜，三将只有四千兵马。看到城外的小麦被蜀军收割，成为敌人的军粮，他们心急如焚，于心不甘，决定不等司马懿到来，主动提兵出城，企图打诸葛亮个措手不及。

但是，出城的魏军毕竟人数较少，蜀军虽然分散收麦，但是诸葛亮心细如发，早就准备好一支伏兵，时刻防备着城中的魏军杀出。等魏军从城中杀出，蜀军的这一支警戒部队迅速迎战，将魏军击败。

司马懿大军迅速推进至隃麋（今陕西省千阳县），魏军的先头部队已经对正在分散收麦的蜀军形成了威胁。于是，诸葛亮收拢分散的部队，收割了上邽的一部分小麦（剩余的大部分可能被魏军收割，《魏书》"宣王与亮相持，赖得此麦以为军粮"，结合诸葛亮最后以粮尽而退，似乎能够得出，魏军收割的小麦占大部分），开始迎击司马懿。诸葛亮将部队推进至上邽以东，企图与司马懿决战。而此时，司马懿却据险固守，两军只能喊话，打都打不着。

面对司马懿的大军，诸葛亮求战不得，上邽又踣其后，诸葛亮只好率军往回走。

这是《汉晋春秋》与《资治通鉴》的记载。

而《晋书·宣帝纪》的记载却说，诸葛亮"望尘而遁"。

就这样，战役进入了第二阶段。

《资治通鉴》记载，这时张郃又一次向司马懿建言献策，说："诸葛亮远来求战不能，以为我军只是为了坚守不战，以劳蜀军。这时候，祁山要塞也知道了我救援大军已经来了，一定会士气大振，一时半会诸葛亮也打不下祁山。现在大军可以屯驻在这里，另外分出一支部队，绕到诸葛亮的背后进行攻击（一是形成夹击之势，二是择机切断粮道）。我军如果只尾随其后，却不敢接战，将使陇西的民心失望。诸葛亮背后如有我军夹击，并且粮草不继，将会很快退去。"

张郃此番言论对"畏敌如虎"的司马懿进行了直接批评，同时又一次表明了想独立带兵出战的意思。但是，司马懿仍然没有采纳张郃的意见。他不敢分兵，也不愿张郃独自带兵。诸葛亮的部队一开始向后撤退，司马懿就组织追击；诸葛亮停下，他也停下。于是，双方在祁山一带展开了几个回合的攻防战。

《晋书》记载：在汉阳（今甘肃甘谷县南），魏军与蜀军相遇，司马懿以牛金（司马懿带来的荆州勇将，原曹仁的部下）的轻骑兵作为诱饵，企图将蜀军引诱至包围圈，但是诸葛亮没有上当，"兵才接而亮退"。此时，诸葛亮在撤退途中，尚未选好适当的战斗位置，因而才继续退却。最后，蜀军退至祁山附近，屯驻卤城（在今甘肃甘谷县与天水市之间），据南北二山，断水为重围。

在这里，《晋书》与《资治通鉴》的记载很不相同。

《晋书》记载："帝攻拔其围，亮宵遁。追击，破之，俘斩万计。"而《资治通鉴》没有采纳《晋书》的说法，而是采纳了《汉晋春秋》的说法："（司马懿）既至，又登山掘营，不肯战。贾嗣、魏平数请战，因曰：'公畏蜀如虎，奈天下笑何！'懿病之。诸将咸请战。"也就是说，双方在祁山附近陷入了僵持。这个时候，诸葛亮同样面临他在上邽时的局面，腹背受敌。

在张郃等全体魏军将领的强烈要求下，司马懿终于决定与蜀军开战。当时的张郃仅仅比司马懿位置低一点，又是百战名将，长期与蜀军

交锋。《三国志·魏书·张郃传》也称，当时是皇帝下诏由张郃都督诸位将领来救祁山，因此张郃在军中说话还是很有分量的。

到了五月份，司马懿开始部署军队直接进攻诸葛亮中军，派张郃进攻南面王平的大寨。诸葛亮则派魏延、吴班、高翔等对魏军展开反击，双方展开激战，均有不少的伤亡；同时，由于王平忠勇善战，张郃军的攻击行动也没有成功。《汉晋春秋》记载，这一战蜀军获甲首三千级，玄铠五千领，角弩三千一百张。（甲首，有不同说法，个人认为是正规重装士兵的首级；玄铠，个人认为是重甲骑兵的铠甲；角弩，远程攻击武器，一般位于步骑之后，蜀军缴获如此之多，可见魏军步兵是遭到了惨败）

蜀军取得了胜利。可是，此时诸葛亮却开始组织撤退。

《魏略》记载，张郃对司马懿说："归师勿遏。"建议司马懿不要追击，但是司马懿第三次拒绝了张郃的建议，并且叫张郃亲自带兵去追赶蜀军。

果然，诸葛亮早已在退路上埋伏了大量伏兵。当张郃所部追击至木门（今甘肃天水市西南）时，居高临下的蜀兵万弩齐发，魏兵死伤众多，一代名将张郃也被射中大腿，不治身亡。

当司马懿听说张郃死去的消息，心情应该是畅快的。司马懿用兵历来谨慎，这次却命令张郃去追击，难怪后人怀疑张郃是司马懿用奸计给害死的。环视曹魏再也没有一个可以傲视他的名将，西北军区除了他以外，也再也选不出一个可以独当一面的战将了。

《晋书》所言，司马懿攻拔了诸葛亮的大寨，并称司马懿"俘斩万计"，估计也是以一当十的传统做法吧。

蜀军未遭败绩，为何突然撤退？原来，蜀军的后方出现了问题。

第一章　足智多谋，屡出奇策

李严这个蜀国大臣中的第二号人物，本来是全权负责对东吴的防御，这次，诸葛亮为了最大限度的集中兵力，将李严所部两万人马也调往伐魏前线，统一由诸葛亮指挥，他不仅把李严兵权剥夺，而且还给人家安排个后方督运粮草这个出力不讨好的差事，又用自己的心腹蒋琬时时监视。战事从二月一直拖到六月，李严所能筹措的军粮也日渐减少，加上连日大雨，转运十分困难。李严因为没有按时把粮草运到，便假传圣旨说刘禅下令撤军，以掩饰自己的过失。回成都后，诸葛亮查清事实，将李严免官为民。

实际上，此次司马懿与诸葛亮交手，魏军有失有得，失在两次出击，均吃败仗，还损失了一员大将。其实，古往今来没有常胜将军，司马懿作战失败，是由于轻敌的结果。同时说明，蜀军战斗力确实很强，很能打仗。从战场上看，司马懿似乎没有成功，但司马懿面对远道而来的蜀军，采用坚守不出的策略，有效地阻止了蜀军的东进，因此从战略上看，他又是胜利者。从此以后，司马懿接受教训，决心采取以守为攻的战略拖住诸葛亮。

蜀国与魏、吴相比，是小国，全国人口不到一百万，诸葛亮为了北伐，征调的士兵就有十万。由于连年北伐，蜀汉的人力物力受到很大的损失，百姓负担很重。于是，诸葛亮决定暂不出兵，发展生产。蜀国手工业很发达，尤其蜀锦，质量好，水平高，很受欢迎，诸葛亮曾说："决敌之资，唯仰锦耳！"

正如司马懿所料，蜀汉果然是经过了三年的准备才出兵。青龙二年（公元234年），诸葛亮亲率十万大军出斜谷，发动了第六次大规模的北伐战争。当时从汉中越过秦岭，有三条山谷，最东面的一条是子午谷。

子午谷最险，有六百多里路长，虽然道路艰险，但谷口位于长安城之南，可以出其不意地逼近长安。中间的山谷叫傥骆谷，直接通往关中的武功，对长安的威胁也很大。西面的一条山谷叫褒斜谷，南段叫褒谷，北段叫斜谷，有四百七十里路长，因斜谷靠西，出谷后距离郿县较近，这里曹魏力量比较薄弱，因此诸葛亮选择了出斜谷伐魏。

就在这年四月，诸葛亮率领大军到达郿县（今陕西郿县北），在渭水之南安营扎寨。这时司马懿在得知诸葛亮出斜谷的情报后，早已赶到。起初，司马懿屯驻在渭水之北，见诸葛亮在渭水之南，立即率军渡过渭水，背水立营阻击。诸将想在渭北与诸葛亮隔水相持，司马懿说："老百姓和我们的积聚皆在渭南，这是必争之地。"（《晋书·宣帝纪》）他还对诸将说："如果诸葛亮出武功（即出傥骆谷）依山而东，诚为可忧，若西上五丈原（今武功西），则诸军无事矣。"意思是，诸葛亮若顺着山势向东用兵，对魏军威胁很大，若向西占据五丈原，则魏军有回旋余地，可与之形成对峙局面。果然如司马懿所料，用兵谨慎的诸葛亮，果然占据了武功西面的五丈原，于是双方在渭水南岸形成了对垒局面。

司马懿继续采用"坚壁据守，消磨蜀军锐气"的作战方针，不主动出战。起初，诸葛亮也沉得住气，他让军队与渭水之滨的农民杂处，也搞起了屯田。双方相持一百多天后，诸葛亮有些着急了。因为前方战局不明朗，后方刘禅能否支撑朝廷？朝廷是否平稳？这样拖下去会不会发生意外之事？诸葛亮越琢磨越着急，恨不得马上和魏军一决高下。于是多次发兵挑战，司马懿均不予理会。司马懿的策略是只等待蜀军粮尽、士气低落时，再发动反攻。诸葛亮焦急万分，无计可施，便想了个办法：他派人给司马懿送去了"巾帼妇人之饰"（《晋书·宣帝纪》）——一身女人的衣服，想以此羞辱他。诸葛亮的意思很明显，你司马懿不敢出战，连个女人都不如！

诸葛亮这一招无疑是比较狠的，因为在以男子为中心的古代社会，将男人比作女子，是很大的羞辱。这种羞辱与当年韩信胯下之辱相比有过之而无不及。对于讲究礼法的古人来讲，这是非常难堪、备受侮辱的行为。

司马懿见得这身女人的服装后："心中大怒，乃佯笑曰：'孔明视我为妇人耶！'即受之，令重待来使。""大怒"，是司马懿真实的情绪。一个男人被奚落，能不生气吗？"佯笑"，假装笑，做掩饰，不能让使者看出自己的愤怒，诸葛亮就是气人来的，不要中计！"受之"，我接受，算你说对了，我就当一回女人又咋样！"重待来使"，使者辛苦，好好招待！司马懿的大度，实际上迎击了诸葛亮，揭穿了诸葛亮的计谋。司马懿心里明白，"好你个诸葛孔明，跟我来这套，我懂。"司马懿对这件事的处理，说明他在心理上没有被打垮，同时也暴露了诸葛亮既急于交战，又拿司马懿无可奈何的心态。

但是，司马懿为了保持士兵斗志，还耍了一个小手段，主要是为了平息部将要求出战的情绪，他故意装怒，表示无法忍受了——上表朝廷，要求出战。魏明帝予以拒绝，因为对蜀军采取以守为攻的战略，是司马懿和他一起制定的。然而，魏明帝还是有些担心，万一司马懿真被激怒，贸然决战，肯定要影响全局。魏明帝不放心，便派大臣辛毗以大将军军师的身份，杖节（古代帝王授予将帅兵权或遣使四方，给旌节以为凭信）来到前线，代表朝廷节制司马懿的行动。辛毗是位老臣，以直言极谏著称，在朝廷很有威望。司马懿对此举措心领神会，每当蜀军前来挑战，司马懿就显

得十分暴躁，要带兵冲出去。辛毗持杖节立于军门，阻止出兵。辛毗是代表朝廷的，将士"莫敢犯违"，司马懿便不出兵。辛毗这样做的目的，是稳住军心，坚持既定的作战方针；同时也告诉士兵，司马懿可不是胆小不敢打仗的人，而是朝廷不让出战。

　　辛毗到达魏营节制司马懿的消息传到蜀军，蜀将姜维就对诸葛亮说："辛毗杖节而至，贼不复出矣。"诸葛亮则看透了这一套，说："彼本无战心，所以固请者，以示武于其众耳。将在军，君命有所不受。苟能制吾，岂千里而请战邪？"（《晋书·宣帝纪》）诸葛亮说："司马懿本来就无心作战，他所以要向魏明帝请战，只不过是一个借口，是向部众表示自己不怯战阵，其实，将在外，君命有所不受，如果他能打败我们，难道还用到千里之外去请战吗？"诸葛亮真是明白人，他已经看出这是司马懿的计谋。

　　诸葛亮面对司马懿的铁桶阵，真的无能为力！

　　诸葛亮在前线打不开局面，后方更让他牵挂，思前想后，心里不安，难受极了。

　　时间就这样一天一天地过去了，双方还是这么干耗着……

　　但是，打不成仗，相互之间还是有交往的。诸葛亮曾派使节到司马懿军中，司马懿不打听蜀军的军事情况，只问诸葛亮的睡眠、吃饭和怎样办事的。来人说："诸葛亮夙兴夜寐，非常辛苦，各种事情都要亲自过问，凡是对士兵打二十军杖以上的处罚，都要亲自决定。每天吃饭很少，只有三四升。"司马懿一听就全明白了，诸葛亮是过于劳累呀！他对部将说："诸葛亮进食少而诸事繁多，这样下去还能活多久呢？"

　　终于，诸葛亮由于过度劳累，忧心忡忡，果然病倒了，病情日益严重。于这年八月的一天，一颗长长的彗星落到五丈原上。所有的人都看到了那颗明亮璀璨的星星陨落了，伴随着那颗大星的陨落，发出了震耳欲聋的声音。没过几天，为蜀国"鞠躬尽瘁，死而后已"的诸葛亮死于军中，终年五十四岁。一代名相，杰出的政治家、军事家诸葛亮，虽竭尽全力北伐，却终于败在司马懿手下，实在令人惋惜。司马诸葛，同为人臣，各为其主，司马懿不这样又该如何呢？其实，他还是很钦佩诸葛亮的，战争结束后，司马懿来到诸葛亮的军营，见到诸葛亮的遗物，由衷地感叹道："诸葛亮真天下奇才也！"这是英雄相惜的赞叹之词。

在诸葛亮死后，部下杨仪、姜维按照诸葛亮的临终部署，秘不发丧，率领蜀军有序撤退。司马懿赶到诸葛亮阵地观察情况，辛毗认为诸葛亮是否已死尚不可知，不要贸然出击，以免中了埋伏。司马懿仔细观察了蜀军丢弃的东西，胸有成竹地说："军家所重，军书密计、兵马粮谷，今皆弃之，岂有人捐其五藏而可以生乎？宜急追之。"（《晋书·宣帝纪》）——军队最重视的是军事文件、马匹粮草，现在蜀军都丢弃了，哪有人丢弃了五脏六腑还能活下去的道理？赶快追击！于是，率兵急追。姜维也回军迎战，司马懿接受以前中计的教训，不敢贸然应战，急忙撤军。司马懿后来得知诸葛亮确实已死的消息，依然犹豫不决，不再追击。这件事在当地老百姓中传开了，他们说："死诸葛吓跑了活仲达（仲达，司马懿的字）！"司马懿听说后，笑着说："我能料到生，哪能料到死呢？"

司马懿与诸葛亮的这两次较量，如果说公元231年那次是打了个平手的话，公元234年这次，却是司马懿明显占了上风。

司马懿的成功之处表现在：

第一，用兵得法。以精兵紧紧咬住诸葛亮的主力部队，守住要塞关口，使蜀军不能东进。

第二，战术得当。在这次与诸葛亮对决中，成功地运用了以守为攻的策略，抓住诸葛亮用兵谨慎、不敢冒险的特点，用拖延战术，将诸葛亮整得没了脾气，耗尽了他的精力，使他心力交瘁，陷入困境。

第三，巧施手段，保持士气。战争取胜，最根本的条件是士气旺盛，司马懿深知此点，在五丈原与诸葛亮对峙最关键的时刻，面对诸葛亮送女人衣服的羞辱，司马懿一方面保持镇静、大度，做给诸葛亮看，气他；另一方面又表现急躁，要求出战，以保持部队高昂的士气。当辛毗代表朝廷节制司马懿，稳定将士情绪时，司马懿积极配合，一个演红脸，一个演白脸，士兵对"不怯阵，敢打仗"的司马懿更加敬重。

平定辽东，再出奇策

由于司马懿成功阻止了诸葛亮的北伐，在朝廷的威望直线上升，青龙三年（公元235年），司马懿升任太尉（最高军事长官）。但在这一年，又有一件重要的任务摆在司马懿的面前——平定辽东。

辽东是郡名，战国时设立，郡治在襄平（今辽宁辽阳），辖境在今辽宁大凌河以东。东汉末年军阀混战时，公孙度任辽东太守。公孙度对曹魏政权时叛时降，保持着半独立的地位。公元204年，公孙度死，其子公孙康继任。公孙康不久也死了，由于儿子年幼，其弟公孙恭接任辽东太守。公元228年，公孙恭的侄子（公孙康之子）公孙渊夺权，魏明帝想拉拢他，任他为扬烈将军。公孙渊却脚踩两只船，又与孙权通好，孙权立其为燕王。公元237年，公孙渊摆脱魏国，搞起了独立。

曹魏岂能容忍辽东独立？于是，魏明帝就派毌丘俭前去平定叛乱。毌丘俭是魏明帝当平原王时候的下属，他的父亲曾经是武威太守，在黄初年间平定叛胡的战斗中，名声仅次于金城太守苏则。目前，毌丘俭正担任荆州刺史。

魏明帝曹叡把毌丘俭调任为幽州刺史，加渡辽将军，持节，护乌丸校尉。

魏明帝曹叡为什么要任命毌丘俭呢？因为，毌丘俭曾给魏明帝上书，直截了当地说："陛下，您继位以来，没有建立什么值得大书特书的功业，如今吴蜀两地都依仗险阻，仓促之间还不能很快地平定。还是用我镇守的这无用之地，来克平辽东吧。"由此可以看出，此人绝对是一个桀骜不驯的人。

此外，曹叡还听说吴国的孙权也正在积极地联络高句丽，企图从高句丽进攻公孙渊。"兼弱攻昧，善之善者。"如今，这个绝佳的时机到来了，毌丘俭的战略企图正好符合曹叡的打算。于是，曹叡讨伐公孙渊的决心就这样确定了下来。

但是，朝廷中也有不同的意见。光禄大夫卫臻就劝谏说："公孙渊在辽东已经有三代了，对内做军事准备很多年，对外又招募乌丸、鲜卑，毌丘俭企图利用幽州本地的部队就想攻下公孙渊，我想是不可能的。并且，吴国这些年经常骚扰我们的边境，我们也没有精力进行反

击，主要原因还是老百姓很疲劳。"言外之意，如果要打公孙渊，就必须派遣中央的精兵，否则很难取胜；但是如果要劳师远征，老百姓又要受罪了，国家也负担不起。

不过，魏明帝主意已定。当然最好是毌丘俭就能把公孙渊给办了，虽然很难，不过试试也无妨。

毌丘俭来到辽东以后，为进攻公孙渊做了大量的准备工作。首先，他以曹魏的名义招降处于辽东的乌丸、鲜卑人，封官许愿，使他们脱离公孙渊，斩断了公孙渊的外援。在毌丘俭的招诱下，辽西的乌丸、鲜卑五千余人投降了曹魏。

紧接着，毌丘俭于魏明帝景初元年（公元237年）就率领本部人马加上乌丸、鲜卑骑兵，开始向辽东进攻。公孙渊毫不示弱，搜集全部兵力，前去迎敌，双方在辽隧（今辽宁海城西）遭遇。当时，天上突然下起了大雨，辽河河水暴涨，双方经过大战，魏军不利，毌丘俭只好统领魏军返回了右北平（今辽宁凌源西南）。

公孙渊打败了毌丘俭，对于形势产生了盲目的乐观，也变得更加狂妄。他很快就自立为燕王，分封百官，并且到处封官许愿，拉拢鲜卑、乌丸，给这个一个单于的名号，给那个一个都督的官职，忙得不亦乐乎。如果公孙渊战败毌丘俭以后，能审时度势，卑辞厚礼地向曹叡道歉，仍旧谦恭地归顺曹魏，那么，曹魏也许会对这个远在辽东的土皇帝，继续睁一只眼闭一只眼。然而，公孙渊的做法，把双方都弄得下不来台，双方关系再无回旋的余地。

毌丘俭失败以后，皇帝的打算是用四万精兵长途跋涉，彻底平定公孙渊。虽然不敢正面提出异议，但还是有人提出这么远距离的征讨，花费太大了。可曹叡的回答是：四千里的征伐，一方面要临阵用计，另一方面还是要有雄厚的物资做保障，不惜一切代价！皇帝不惜一切代价，那这仗就好打了。

　　景初二年（公元238年）正月，魏明帝就把司马懿从西北军区召回洛阳，命他率兵讨伐。明帝说："此不足以劳君，事欲必克，故以相烦耳。君度其行何计？"——这件事本不想麻烦您，但是辽东必须平定，所以只好劳您大驾了！您有什么好办法吗？这时的司马懿已指挥过许多战争，经验更加丰富，对平定辽东自然充满自信。他说：对公孙渊来说，有上、中、下三计可行。上策是弃城退走，中策是依托辽河抗拒，下策是困守其都城襄平。但此人缺少智慧，以为我军孤军远征，不能持久，因此必定采用中、下计。魏明帝又问："这次出征需要多长时间？"司马懿说："往百日，还百日，攻百日，以六十日为休息，一年足矣。"（《晋书·宣帝纪》）

　　司马懿的回答令曹叡很满意。

　　曹叡亲自看着司马懿带领部队走出西明门（根据北魏杨玄之的《洛阳伽蓝记》记载，西明门是当时洛阳四个西门中，最南边的那一个城门），踏上漫漫的征途。细心的皇帝命令司马懿的弟弟司马孚和大儿子司马师，一直从洛阳陪着司马懿到司马懿温县的老家，并且赏赐给司马懿很多酒肉，让他在老家和亲朋好友饮宴几天，好好地风光一回。

　　曹叡的暗示大约有二：一是体现对你的关爱有加，二是时时刻刻提醒你，你的家人都在皇帝的掌控之中呢。

　　司马懿心领神会，在老家喝酒的时候，也吟诗一首："天地开辟，日月重光。遭遇际会，毕力遐方。将扫群秽，还过故乡。肃清万里，总

齐八荒。告成归老，待罪舞阳。"大致内容是说：自己因遭遇际会，才为国家效力边疆，如果扫除了敌人，我就将回到老家，安安生生地在家安度晚年。

司马懿的做法，完全就是王翦向秦始皇索要土地田宅、故作庸俗的翻版。想当年王翦带兵攻楚国的时候，在路上不断向秦王嬴政要田要地，把自己扮成一个为子孙后代斤斤计较的老头子。你把君主所有的部队都带走了，君主就成了真正的孤家寡人了，只有这样，才说明你没有反心，皇帝才放心。而此时司马懿也说，平定公孙渊以后，自己的志向就是解甲归田、安度晚年，这歌完全是唱给曹叡听的。

司马懿经过充分的准备，率军从洛阳出发，进军辽东，战事的进展果然如其所料。司马懿率军至辽东，公孙渊派兵数万在辽河东岸列阵，抗拒魏军。司马懿声东击西，以少量部队伪装主力，佯攻燕军，吸引和牵制燕军主力，司马懿亲率大军偷渡辽河，直指襄平。燕军见魏军主力直捣老巢，急忙弃营回援。司马懿乘燕军离开营垒，在野外纵兵攻击，并对诸将说："所以不攻其营，正欲致此，不可失也。"（《晋书·宣帝纪》）魏军进击，三战皆捷，于是乘胜包围了襄平。当时正值雨季，辽河水暴涨，襄平城四周全部被淹，水深数尺，魏军营帐也全都泡在水里，军心浮动，处境艰难，但司马懿却按兵不动。有的将领打算迁营，司马懿下令坚守大营，并命令：有敢言迁营者斩。

这时魏军发现，公孙渊的军队乘雨出城，打柴牧马。将领请求出击，司马懿不予采纳。部下问司马懿："当年攻打孟达，我军日夜兼程，八天走了一千二百里路，只用十几天就斩杀了孟达，现在您的行动怎么反而迟缓了呢？"司马懿回答："当年孟达兵少粮多，可以持久。

我军兵多粮少，只能速战速决，因此不顾死伤，猛攻上庸。如今则不同，敌众我寡，敌饥我饱，再加上雨天又不适于进攻。我军远道而来，不怕与敌人作战，就怕敌人逃跑。现在敌人粮食将尽，只凭人多和气候与我相持。因此，只要迁延时日，敌人弹尽粮绝，必然不战自溃。决战尚未开始，如果抢夺他们的牛马，不许他们砍柴，这等于赶走他们。"司马懿特别告诉部下："夫兵者诡道，善因事变。贼凭众恃雨，故虽饥困，未肯束手，当示无能以安之。取小利以惊之，非计也。"（《晋书·宣帝纪》）司马懿将计就计，故意示弱，麻痹了辽东军。

大雨终于停止。司马懿把外围的包围圈完成以后，开始作毁灭性攻击，高堆土山，挖掘地道，使用楼车监视城中动静，冲车撞击城墙。士卒用盾牌遮住头部，手执钩链，冒死攀登，日夜不停地猛烈攻击，城上的箭和投掷的石头密集如雨。《晋书》记载，时有一颗长星，色白，有像小刺的光芒，从襄平的西南落到东北，坠进梁水（太子河，辽河支流）。

而此时，公孙渊窘困紧急，城中粮食已经吃光，开始了上演人吃人的惨剧，公孙渊的将领杨祚等看到守城无望，纷纷出城投降。

八月，燕王公孙渊派相国王建、最高监察长（御史大夫）柳甫，出城晋见司马懿，请求远征军暂时解围，稍向后退，公孙渊君臣当自己捆绑，出来投降。

司马懿看到胜券在握，果断下令斩了王建、柳甫。并派人传话要求公孙渊自缚投降，别的都不允许。

公孙渊只得再派侍中卫演晋见，请求指定一个日期，愿送出人质。这次司马懿摊牌了："军事对决，大致上有五种结局：能战就战，不能

战就守，不能守就逃；其他两条路是：投降或死亡！公孙渊不肯自己捆绑投降，当然是决心死亡，不必送什么人质。"——对你说明白了，你要么死，要么降，就这样，其实降也是死，只是降了，可能把你送到洛阳五花大绑游行以后，再弄死。

公孙渊彻底绝望了。八月二十三日，襄平陷落，公孙渊跟他的儿子公孙修，在数百骑兵保护下，突围向东南逃走，曹魏远征军急行追击，在梁水河边追及，斩公孙渊父子。据说，公孙渊父子被杀死的地方正是星坠的地方。

司马懿进入襄平，把十五岁以上的男子（人吃人的幸存者）共七千余人全部杀掉，筑成"京观"（把尸首累积在一起，再用土累积在群尸之上，堆成高丘，称"京观"）。诛杀燕王国三公、部长级以下官员两千余人，核收户口四万，人口三十余万。

司马懿的这次战役的成果是：他不仅消灭了一个地方割据政权，而且还把公孙渊统治下的辽东郡、带方郡（今朝鲜沙里院城）、乐浪郡（今朝鲜平壤市）、玄菟郡（今辽宁省沈阳市）等四个郡全部收归了曹魏。

从这次战役中可以看到，司马懿运用谋略越发纯熟老到，他在正确把握敌情的基础上，有的放矢，该急就急，该慢就慢，灵活掌握。

其实，当初公孙渊得知魏军来攻，曾求救于孙权，孙权也出兵为其声援，并给公孙渊写信："司马懿善用兵，所向无前，深为弟忧也。"（《三国志·魏书·公孙度传》裴松之注引《汉晋春秋》）看来孙权深知司马懿的厉害。

第二章
韬光养晦，暗中蓄势

　　曹操本人生性多疑，尽管是唯才是用的明主，可在某些特定的环境与位置上，他竟然把为自己做过很多贡献的杨修、孔融、崔琰等有才华的人杀掉，而谋略超过众人、甚至超过诸葛亮的司马懿却一直平安无事。可见，司马懿本人韬光养晦的本领是相当深厚的。司马懿辅佐曹魏政权的几位皇帝，都获得了信任与赏识。也正因此，才给了司马懿暗中蓄势的机会。司马懿可谓是老谋深算，权力场上的高手。

韬光养晦，巧妙周旋

司马懿与曹操相比：论政治，曹操挟天子以令诸侯，牢牢把握着法律优势；论军事，曹操三分天下，稳扎稳打，军纪森严，猛将如林；论才华，曹操的《短歌行》、《龟虽寿》笑傲千古；论胸襟，曹操气吞万古，早就视神州华夏为曹某人囊中之物。

可见，无论是智商还是情商，从哪一方面来说，司马懿都自愧不如。可以说，曹操是司马懿真正的劲敌。

满腔自负的司马懿在曹操麾下做事，沮丧之情可想而知，不要说天下还有刘备、孙权等厉害角色，只身边曹丞相这样一位人物，司马家的千秋霸业就得成为泡影。

但是，司马懿在一代枭雄曹操在世时，不温不火，韬光养晦，能够在其身边巧妙周旋了十二年，不仅保全了自身，还展示了不俗的才干。不过，他与曹操的关系也十分微妙。

首先，司马懿和曹操都是帅才，都不甘屈居人下。曹操是"乱世之奸雄，治世之能臣"，陈寿说他是"非常之人，超世之杰"（《三国志·魏书·武帝纪》）。司马懿呢，也不是善主儿。早在他未出山以前，社会上对他就有很高的评价。

常言说一山不容二虎，曹操和司马懿都是很有本事的人，他们能够走到一起，从曹操角度看，拉拢司马懿是为了扩大政权的影响，也是为了控制他；从司马懿角度看，是怕被迫害而不得已入仕。现在两个人走到一起了，其实他们心照不宣，都知道是怎么一回事。不过曹操想得最多，司马懿不显山露水，我死了后怎么办？我的儿孙们能驾驭他吗？越想越嘀咕，竟做了这样一个梦：曹操梦见三匹马同在一个马槽吃草料——"三马同食一槽"（马，司马；三马，指司马懿及其两个儿子司马师、司马昭。槽，曹氏也）。这梦所暗含的意思是曹氏将被司马氏吞掉，因此心中十分厌恶。于是曹操对太子曹丕说："司马懿非人臣也，必预汝家事。"——司马懿不是甘心做人臣的人，将来一定会左右我们曹家的大事。

至于曹操这个梦，有可能是后人附会的。因为曹魏政权确实是经过三马之后被司马炎（司马昭之子）取代，建立了晋朝。难道真有这么准确的梦中料定？不过，从司马氏和曹魏的关系看，司马氏确实是从司马懿开始，一步一步发展力量，逐渐强大，但在曹操时代还没有形成气候。当司马懿第一次出现在曹操面前的时候，从外在形象到内在气质，确实与众不同，着实让曹操吓了一跳。这是怎么回事？

原来，曹操一直对司马懿的"狼顾"之相心有余悸。不过史书确实说，司马懿"内忌而外宽，猜忌多权变"，是个"非常之器"——不寻常的人。曹操很可能一见面，就感到此人非同一般，他感到自己遇到了强劲的对手，甚至想到自己死后，司马懿还会这么安分吗？于是预感到某种不祥之兆。

然而，面对敏感多疑的曹操，司马懿谨慎小心，进退有据，十分注意把握"度"，不仅赢得了曹操的信任，更使曹丕对他佩服得五体投地。公元220年，曹丕代汉称帝，建立曹魏政权，这时司马懿已无后顾之忧，他利用曹丕对他的信任，充分施展才干，为曹魏政权做出了突出的贡献，也为司马氏的崛起铺平了道路。

事实表明，司马懿的策略是正确的，他不仅工作能力极强，而且为人又"谦虚谨慎"。司马懿知道自己在曹操这样的人手下做事非常不容易，但也无可奈何，既来之则安之吧。戒急用忍，韬光养晦，这正是司马懿高于三国时期其他人的地方，只要他认为时机还不成熟，就有充分的耐心在上司面前"屈"着。于是，司马懿在曹操面前低调做人，尊敬曹操、团结同僚，谦虚谨慎、任劳任怨，不求索取、只讲奉献，几乎所有贤人的特点他都具备了。

司马懿之所以能做到这一点，一方面是因为他天性中有踏实稳重的因素，另一方面是他深知在曹操面前最好是低调一点儿，如果一个破绽暴露了自己的野心，都会招来杀身之祸的。杨修就是他的前车之鉴。

正是因为司马懿的韬光养晦，巧妙周旋，才深得曹操的信任与赏识，很快当上了丞相府主薄。并且，能够辅佐曹操十二年相安无事。

见风使舵，苦心经营

曹操是公元155年生的，司马懿比曹操小二十多岁。年轻就是本钱，如果没有什么特殊情况，就算司马懿斗不过曹操，还可以熬过曹操。果然，曹操晋封为魏王之后，于公元220年正月，曹操死了。司马懿的强劲敌手终于被他熬死了。或许，司马懿的春天即将来了……

其实，早在建安二十二年（公元217年），曹丕夺嫡成功，司马懿被任命为太子中庶子，是曹丕的属官。更有趣的是，司马懿的弟弟司马孚，此时却被安排在陈思王曹植的身边，为曹植的文学掾。司马懿如此做是为什么呢？原来，曹操本来挺宠爱曹植的，可是曹植却因为一些事情让曹操很失望。

曹操像

司马懿在曹植失势以后，也离开了曹丕，升为曹操的军司马——这是荀彧最初的官职，这一年司马懿已经三十九岁，比荀彧担任此职时的年龄整整大了十岁。

离开曹丕以后，司马懿很快就把弟弟司马孚从失势的曹植那里要了回来，推荐给了曹丕，来顶替自己的位子，做自己曾经做过的太子中庶子。于是，司马懿兄弟二人一个待在曹操身边，一个待在未来的君主身边。

下面来分析一下司马懿当时的缜密算计：

首先，在曹丕和曹植储位之争的结果没有明朗化之前，司马懿弟兄

051

两人分投两个不同的阵营，以备后路。

其次，在曹丕暂时胜出，但曹植并不是没有一点希望的时候，司马懿暂时还让弟弟司马孚留在曹植身边，但是，此时的司马孚经常以所谓的"直道"来劝谏曹植，以此让外人知道，司马孚并非曹植一党，而是一个懂大义、有操守的人。

第三，在曹植完全失败以后，司马孚迅速抛弃旧主，投奔新主曹丕。

在曹操时代，司马懿起码做到了两点：其一，让自己和自己的家庭成员与未来的储君建立了良好的关系，那是自己和整个家族未来的护身符。其二，进入领导核心层，展现出勤恳敬业的精神和独特的战略眼光，给人们留下了初步的印象。

可见，在曹操时代，司马懿所做的一切，几乎都是两手准备，为自己多留一条后路。可谓是"见风使舵，苦心经营"了。然而，这只不过是一个开始而已，等曹丕登基以后，凭借着司马懿长期的苦心经营，他人生的辉煌时期即将到来了。

曹丕时代，明哲保身

公元220年正月，曹操死了。曹操的大儿子曹丕世袭其父当上了魏王。几个月后，曹丕就逼迫汉代最后一个皇帝汉献帝禅让，他终于坐上了他父亲曹操早已为他打造好的皇帝宝座，称魏文帝。

曹丕称帝后，对司马懿已经完全放心了。因为曹家认为他是一位久经考验的下属了，再大的权力交给他也很放心。在曹家人的眼中，司马懿就是一个只奉献不索取的忠臣。于是，黄初五年（公元224年），魏文帝亲征东吴，曹丕给司马懿的职位是抚军大将军，录尚书事，坐镇许昌，实际总管朝廷政务。司马懿一面心中窃喜，一面竭力推辞不受。他窃喜的是，曹家的态度已经证明自己的战略之正确，能力之伟大；推辞是因为这个位置太显眼，曹魏的势力毕竟还很大，他不想让自己过早陷入众矢之的。

这时，曹丕却非常恳切地说：这不是给你的荣誉，而是要你和我共同为国家分忧。

面对对自己如此信任的皇帝，司马懿当然是却之不恭了，只好答应了。但是，司马懿和那些一旦得势就开始翘尾巴、摆架子的一般人不一样，他还是继续韬光养晦，似乎职位越高，就意味着责任愈大，真有一副为了国家愿意肝脑涂地的劲儿头。

司马懿能在曹魏政权中占据一个高层位置不容易，而能够稳占高位还不让曹家人猜疑妒忌，更是难上加难。然而，司马懿能够做得很好，还没有露出破绽。

从黄初元年（公元220年）到黄初七年（公元226年），在曹丕在位六年多的时间里，曹丕最大的机会，也可能是最大的考验就在于：是否接受孙权的投降。

至于孙权为什么要投降？那是因为孙权偷袭了关羽，夺占了荆州，孙刘交恶了，为了避免两面作战和亡国的危险，才"投降"的。

当曹魏群臣听说孙权投降的消息时，都觉得要接受。唯独刘晔以为不能接受，刘晔有他的道理，他说："孙刘本为两个小国，团结起来才能生存。今天，双方交恶，正是上天要灭亡他们的时候，我们应该即时出兵进攻吴国，在刘备和我们的夹击下，一定能够顺利地灭掉吴国，吴国灭亡了，蜀国也不能独存，统一大业就能完成。"

此时，曹丕却十分自负地对刘晔说："那我们现在接受吴国投降，进攻蜀国后方，不是也能灭蜀？"刘晔分析说："不是的。如果我们进攻蜀国，蜀国就回师不打吴国了，我们也得不到便宜，而吴国说不定还生出什么鬼点子呢。但是，我们打吴国的话，因为以前吃亏的是蜀国，现在生气的也是蜀国，即使听说我们也去趁机打吴国，蜀国也不会停止进攻。这样，魏蜀两国合力就一定能把吴国灭掉。"

然而，曹丕没有听从刘晔的意见，他不仅接受了孙权的投降，而且还封孙权为吴王，加九锡。事后证明，孙权的质子一直没送到魏国，所谓的投降仅仅是一个骗局和玩笑而已，曹丕被人家美美地耍了一回。

由此可见，在黄初年间，曹魏最伟大的谋士不是司马懿、不是贾诩，光彩属于刘晔，次之蒋济，次之陈群。光荣属于他们三人，但是，刘晔是太阳之光，他们是烛火之光，其他的人则是萤火。

不过，在是否接受孙权投降的问题上，司马懿为什么没有发表意见呢？以司马懿深通三国角力之道，在襄阳危急之时，他就曾建议曹操鼓动孙权偷袭荆州，刘晔之论只是原来计谋的翻版，司马懿难道不能参透？为何闭口不建一策呢？是他长期与曹丕相处，早已洞悉了他的深浅，还是另有隐情呢？以他与曹丕的交情，如果支持刘晔的意见，想必曹丕会采纳的。那么，是司马懿未见此机，还是不愿归好与人呢？

在曹丕时代，司马懿一言不发。这与他在曹操手下，积极建言献策截然相反，也似乎有些反常，也许是因为司马懿太了解曹丕的为人了。

曹丕狭隘，狭隘的人胆小，胆小的人只相信自己的旧人。如果说多了，说的道理君主理解不了，反而会引起猜忌。即使成功，还为他人做嫁衣，那倒不如干脆闭口。反正闭口不影响升职，谁叫曹丕是以旧人为标准提拔人才，而不是以功劳和能力呢？

所以说，六年多来积极建言的刘晔不见升迁，而一言不发的司马懿却步步高升，从督军，到抚军，到假节。

由上可见，在曹丕时代，司马懿的策略也是对的。所谓"知己知彼，百战百胜"，正是因为他与曹丕的长期接触，深知曹丕的个性与为人，所以他明哲保身的策略也运用得非常得当。

明帝昏庸，仲达蓄势

黄初七年（公元226年），曹丕病死，年仅三十九岁。司马懿被曹丕任命为顾命大臣之一。司马懿在曹丕时代，一直作为曹丕藩邸旧人而被委以重任。至此，司马懿熬走了曹家的第二位最高领导人。按照曹丕的遗愿，由大将军曹真和司马懿共同辅佐魏明帝曹叡管理朝政。

魏明帝曹叡，公元204年生，字元仲。曹叡是曹丕与文昭甄皇后之子。能诗文，与曹操、曹丕并称魏之"三祖"，文学成就不及操、丕。曹丕去世后，曹叡继位为帝。下面看看曹叡是一个什么样的皇帝。

青龙三年（公元235年）春天，在任命司马懿为曹魏第一军人（太尉）以后，曹叡就逼死了皇太后郭女王。

曹叡的亲生母亲就是大名鼎鼎的甄洛，虽然甄洛美貌异常，但女人的容貌易逝，等曹丕登上魏王王位以后，甄洛已经是三十八岁的中年妇女了。由于甄洛住在邺县，和曹丕两地分居，自然的，在众多的女人堆里，曹丕喜欢上了更加年轻的郭女王。甄洛在幽怨之余，写下了她唯一传世的作品《塘上行》：

蒲生我池中，其叶何离离。傍能行仁义，莫若妾自知。众口烁黄金，使君生别离。念君去我时，独愁常苦悲。想见君颜色，感结伤心脾。念君常苦悲，夜夜不能寐。莫以豪贤故，弃捐素所爱。莫以鱼肉贱，弃捐葱与薤。莫以麻枲贱，弃捐菅与蒯。出亦复何苦，入亦复何愁。边地多悲风，树木何翛翛。从君致独乐，延年寿千秋。

据说，因为这首诗，再经过了郭女王的添油加醋，曹丕看后，大怒，于第二年将甄洛赐死。郭女王害怕甄洛死后向神明诉说自己的冤情，命令人们在给甄洛殡葬的时候，没有大殓，而是"披发覆面，以糠塞口"；又有一种说法是：郭女王对曹丕进谗言说，按照曹叡出生的时间计算，曹叡不是曹丕的亲生骨肉；第三种说法称，甄洛的死，与其和曹植的爱情有关等。不过可以肯定的是，甄洛的死是与郭女王被曹丕宠幸有关。

等魏明帝曹叡继位以后，宫中的李夫人把甄洛的死因详细地告诉了曹叡，明帝听后"哀恨流涕"（《魏略》）。哭过之后，急躁冲动的曹叡，立马去问郭太后自己母亲的死状，逼问之下，郭太后有些慌乱，她说："是你父皇命令杀的，问我做什么？你作为儿子难道还要追恨你父亲，为了死去的母亲要杀活着的母亲吗？"明帝一听更恼了，命令使者逼郭太后自杀，并且在殡葬时候，也像甄洛那样，将死去的郭女王"披发覆面，以糠塞口"。

魏明帝曹叡终于报仇了，从这里可以看出曹叡的狷急。由此可见，曹叡的性格，真的是继承了他祖父曹操一部分，更是继承了他父亲曹丕一部分。比如，他对战争的理解，很多地方都遗传了曹操的基因，在公元234年曹魏面临吴蜀两面进攻的情况下，他头脑清醒，始终坚持一路防守、一路进攻的策略，同时在满宠请求撤掉合肥守备的时候，他坚决予以拒绝，最终赢得东西两个战线的胜利，表现出了卓越的军事才能。再比如，他的好色，和他祖父、他父亲，几乎如出一辙。在他做皇帝的时候，后宫女人数千。在他当政的时代，给予了妃嫔们很高的待遇，还给予官位和俸禄。他还遴选读书识字的美女六人，担任"女秘书"，处理政府官员呈报的奏章。他还曾经下令强行夺取吏民妻子配给戍边的战士，并把其中长得好的纳入皇宫。自古以来，听说过拣选未婚的女子纳入皇宫的，还从未听说过在太平时节，拆散人家家庭、强夺已经婚配女人的。魏明帝的做法真让人费解。

长大成年的曹叡也继承了他父亲曹丕的纨绔习气，似乎他对建设宫殿有瘾。青龙二年（公元234年）洛阳的崇华殿失火烧毁以后，他就下令重建许昌宫、洛阳宫、昭阳太极殿、总章观等；还突发奇想，想把洛阳北的邙山山顶铲平，在上面盖大殿，遥望黄河。老天也许是和曹叡作对，在崇华殿盖好的第二年，一场大火又把它烧得干干净净。但是，魏明帝曹叡似乎和老天爷耗上了，紧接着命令继续盖。其间，皇帝也变成了一个"专业包工头"一样，整天待在工地上，看到施工进度慢，他把监工的大臣叫来，监工吓坏了，说话也期期艾艾的。本来曹叡自己就是

个结巴，看到大臣结结巴巴说不清楚就着急了，一个眼神，身边的侍卫手起刀落，监工就身首异处。

魏明帝曹叡还继承了其父曹丕喜欢打猎的习惯。曹叡把洛阳附近很多地方都圈为皇家打猎场，打猎场里的麋鹿太多了，冲出猎场，四处糟蹋庄稼，农民们却不敢动麋鹿一指头，因为按照当时的规定，打死一头皇家麋鹿，就要被砍头。

魏明帝曹叡还和其父曹丕一样奢靡。在青龙四年（公元236年）的时候，他派人去吴国要求用马换取珠玑、翡翠、玳瑁等。战马是军需物资，十分珍贵，孙权当即就说："这些珍宝都不是我需要的，能得到马匹，有什么不可以交换的呢？"

魏明帝曹叡就是这样一个人：智慧而又狷急；苛细而又粗暴；纨绔而又一意孤行。

面对如此昏庸荒淫的魏明帝，司马懿是如何做的呢？司马懿辅佐曹叡期间，又以一贯的踏实稳重，不紧不慢地熬走了与自己分庭抗礼的曹真大将军，自此总揽军权，统率军队南挡东吴、西阻蜀汉，此间又挥师北进，剿平了割据辽东的公孙渊，可谓是千辛万苦、九死一生。

司马懿之所以下这么大的本钱，是真正的无怨无悔。因为他知道，自己的努力不是为了曹魏的天下，虽打着忠君爱国的旗号，但他所征服的每一寸土地，早晚都会归到他司马家的名下的。借曹魏的名义不断因功升赏自己、暗中蓄势，何乐而不为呢？

明帝托孤，仲达辅政

司马懿平定辽东后，本来接到魏明帝的诏令要去关中镇守，走到白屋（今河北北部）时，突然又接到魏明帝的诏令，而且三天之内，连续接到了五封诏书，让司马懿快速直接进宫。司马懿大为惊讶，心想朝廷出了什么事这么着急呀？君命不可违抗，于是，司马懿乘坐追锋车（一种速度极快的车，两匹马驾驶）昼夜兼程，急速赶奔洛阳。入宫后就直接被引入魏明帝曹叡的卧室嘉福殿。司马懿这时才知道原来是"高寿"三十四岁的魏明帝曹叡也因荒淫过度，病入膏肓了。

其实，曹叡刚生病的时候，本来打算任命曹宇为大将军，连同统军将军夏侯献、武卫将军曹爽、屯骑校尉曹肇、骁骑将军秦朗五人共同辅政。虽然曹宇过去一直不太出名，但是和曹宇有关系的，可都是大名鼎鼎的人物。曹宇是曹操的儿子、魏明帝的叔叔、曹冲的同母弟弟。曹宇的儿子后来入继大宗，就是曹魏的最后一个皇帝——魏元帝曹奂。曹宇的父亲、哥哥、侄儿、儿子都是皇帝。正史的记载给后人留下了一个印象：这个曹宇是个拿不上台面的阿斗，只想做一个王公贵族，享享清福，根本不想做皇帝。据说，在被任命为大将军的四天时间里，曹宇费尽心思要把这个大将军推掉，反复对病中的皇帝说自己能力不行等。按

照这个推论，以后事情的发展，起码曹宇是主动退出政治舞台的。但是，事情真是这样子的吗？

《资治通鉴》记载，曹宇自知不是做大将军的材料，所以推辞不做。这时，曹叡召刘放、孙资问两人的意见，二人举荐身边的曹爽，并提出："应引用司马懿作为辅佐。"这段记述看似平淡无奇，然而，事情却并非那么简单。因为在此期间，曹宇还建议魏明帝下诏让得胜回朝的司马懿不再回京述职，直接从轵关陉（今河南省济源市西，太行山中多东西向横谷称为"陉"，其中，军都陉、蒲阴陉、飞狐陉、井陉、滏口陉、白陉、太行陉、轵关陉等，古称"太行八陉"）去长安。这种安排，明的说是关中地理位置重要，时时刻刻离不开你司马懿，实际上，就是不让你留在中央。因为，曹宇的心里是在担心司马懿，虽然你司马懿手握军权，但是我把你弄到地方上，纵使你手握重权，暂时也威胁不了中央。

可见，此时的曹宇不仅在考虑着作为大将军需要考虑的事情，而且也在做着属于大将军的工作。

下面再说说魏明帝曹叡准备任命为托孤大臣的另外四个人：中央禁军总监（领军将军）夏侯献、武卫将军曹爽、骑兵指挥官（屯骑校尉）曹肇、骁骑将军秦朗。夏侯献，是中央禁卫军的总司令，三品。曹爽，四品武卫将军，属于禁卫军将领。曹肇，四品屯骑校尉，属于野战军将领，是野战五校尉之首。秦朗，四品将军。

夏侯献，由于史书上没有记载，对其身世不详，但是肯定是夏侯惇、夏侯渊家族之后。曹爽就是后来的大将军，前大司马曹真的儿子。曹肇，是前大司马曹休（与吴国石亭会战战败的那个）的儿子。《三国志》上讲，他有当世才度，并有"殊色"，就是长得非常好，和魏明帝

曹叡是很好的玩伴，吃住在一起，也可以说是曹叡的男宠。有时候两人打赌，赌皇帝的一件时装，结果皇帝输了又舍不得给，曹肇就直接爬上御床拿走，可见两人亲密无间。秦朗，由于他母亲被曹操纳为妾室，秦朗也成了曹操的继子，一直是魏国的近臣，并且立有军功。

由此可见，这其中的每一个人，都是嫡系，都是皇族。

但是，问题还不止这些，还有两个人魏明帝曹叡不得不考虑一下。他们是中书监刘放和中书令孙资，这两人相当于当时的宰相。

中书监刘放年轻的时候曾经说服自己的上司投降曹操，此后，就一直在曹操身边，《三国志》中记载，（他）"善为书檄，三祖（曹操、曹丕、曹叡）诏命有所招喻，多放所为"。孙资是贾逵的同乡，贾逵曾力劝孙资出仕，曹操第一谋士荀彧一见之下，大为激赏。同时，孙资不念旧恶，为人宽厚。他们两个在曹操时代就是曹操的秘书，深得曹操信任。到曹丕做皇帝的时候，曹丕也是十分喜欢二人，他创设了中书监一职，让刘放担任，又安排孙资做中书令，同掌核心机密；明帝时候，二人更是赢得明帝的欢心，两位历仕三朝，眷顾不减，可见为官、处事、文字写作和协调能力不同寻常。但是，他们两人久在中枢，估计也得罪了不少当朝权贵。这也难怪，也是一般秘书的通病：身在兵位，常为帅谋—— 出的一些主意必然会损害一个人的利益；自己又只能忠诚于领导一人，难免有时会有狐假虎威的嫌疑，即使你自己没有，别人也看着不顺眼。秘书本身不是一方大员，没有实力，一旦大树倒掉，你什么也没有。

但是，问题就出在这里。一头是这些个皇亲国戚，而另一头是刘放、孙资长期处于权力核心。然而，在这些皇亲国戚眼里，你刘放、孙资算老几？还站在我们头上？双方的矛盾自然而来。

夏侯献和曹肇在皇宫的角落里嘀嘀咕咕，当二人看到刘放、孙资走了过来，就对着皇宫里专供公鸡晚上睡觉的树，指桑骂槐地说："公鸡占这棵树也够久了，看它还能再占几天？"——明摆着说给孙刘二人听的。

这句话不打紧，接下来发生的事情着实惊心动魄。结合《三国志》有关人物的传记、《资治通鉴》、《汉晋春秋》等书中的记载，当时的情况大约是这样的：夏侯献和曹肇关于公鸡栖树的谈话，成了刘放和孙资反击的直接导火索。

景初二年（公元238年）十二月二十七日，病中的曹叡呼吸微弱，大将军曹宇从皇帝躺着的大殿里出来，找曹肇说个事，这时候，皇帝身边只有曹爽伺候着。刘放看到这种情况，赶紧找孙资商量，欲向皇帝联名建议重新任命辅政大臣。孙资说："现在木已成舟，已经没有办法挽回了啊。"刘放说："我们已经是将要进汤锅被杀的人了，还有什么不可以做的呢？干吧！"说完，就拉着孙资冲到病中的曹叡面前，哭着说："皇帝您呼吸微弱，一旦有什么不合适，天下您要托付给谁啊？"

魏明帝曹叡说："你没有听说已经托付给燕王曹宇了吗？"

刘放说："陛下，你忘记了先帝的规定了吗？藩王不能够作为辅政大臣，并且，陛下，你现在还在生病中，曹肇和秦朗就已经和宫中伺候您的女人们嬉戏起来了，燕王曹宇派兵在宫门南面，不让我们随便出入，这是竖刁和赵高的作为啊！"——刘放真的是豁出去了，他直接朝"准辅政大臣们"开火了。

接着，刘放继续说："现在太子幼弱，境外有强敌，境内有饥民，皇帝你不远虑，全用曹家的人，把祖宗的家业托付给二三个平凡的人，

谋并天下

晋朝开国奇谋

您卧病这两三天，宫内宫外的消息都堵塞了，社稷危殆，作为您的臣子，我们真的好痛心！"

魏明帝曹叡听了刘放这席话，不禁大怒——我托付后事的人，竟然在我没死的时候，就和我的妃嫔们打情骂俏！

魏明帝曹叡紧逼着问了一句："那你说托付给谁？"

此时，只有曹爽在跟前，刘放随口就说："曹爽。"——总不能把眼前的他也得罪吧，如果那样，这人在皇帝面前和我对质，那就麻烦了。

魏明帝曹叡看了看曹爽，问曹爽："你行吗？"

这时的曹爽吓得汗流浃背，哑口无言。刘放在他旁边轻轻地踢了踢他，偷偷在他耳边教他说："我可以，以死不辜负陛下所托。"于是，曹爽结结巴巴地重复了一遍。

而《三国志》和《资治通鉴》里是这样说的：燕王曹宇，性情谦恭温和，向老侄曹叡恳切推辞。曹叡把刘放、孙资唤到卧室，问道："燕王究竟是什么意思？"刘放、孙资回答说："燕王有自知之明，知道负担不了这么重大的责任。"——双方显得是那么的温文尔雅。

这样一来，就把未来的魏元帝曹奂的父亲曹宇，从这件事情完全撇清了，将其美化成了一个不问世事的高人。

在曹爽表态以后，刘放和孙资又加了一句："应该把司马懿召来和曹爽一起辅政。"

魏明帝曹叡同意了，就让孙刘两人下去书写遗诏。

就在这时，曹肇又进来，他了解情况后，痛哭流涕地说："坚决不能这样。"

魏明帝曹叡又犹豫了，就叫曹肇出去中止原来的命令。等曹肇出门，刘放、孙资又跑着回到殿中，重新说服了皇帝，病中的曹叡再次被二人说动。这次，刘放汲取了几分钟前的教训，对皇帝说："您还是把您的最后意见写下来，给我写个字。"皇帝没劲，动不了，刘放就直接跳到御床上，拿着皇帝的手，写下了罢免大将军曹宇等的字据。然后，刘放拿着字据（手诏），走到殿外，大声说："有诏免去大将军曹宇等人的官，上述四人马上离开皇宫。"

于是，曹宇等四个人大哭着，回到了各自的府邸。

对于这四个人各自是怎么离开皇宫的，《三国志·魏书·刘放传》引《世语》上是这样说的：曹肇因事暂时出宫，等到第二天，刘放、孙资对宫门卫士宣布诏书，不得让曹肇再进宫，并且罢免了曹宇的职务。这时候，作为皇宫卫戍部队的总司令夏侯献还在宫中，皇帝亲自对他说："我已经好些了，你快出去吧。"于是，夏侯献也哭着走了。

就在同一天，魏明帝擢升曹爽当最高统帅。曹叡担心曹爽能力不足，再擢升政务署执行官孙礼，当最高统帅府秘书长（大将军长史），作曹爽的助手。同时，曹叡派随身仆役辟邪，拿着手令，征召司马懿进京。

司马懿先后接到两种不同（第一个是曹宇建议皇帝让司马懿直接去长安）的命令，怀疑京师发生变故。于是，紧急上路。《晋书》上说连着接到五道诏书，其中一道写着："一刻也不停地盼望着你的到来，来了就直接推门进来，看我的脸。"

可见，司马懿本来与辅臣大臣毫不沾边（甚至是被排挤和边缘化的对象），却凭空捡到了一个天上掉下来的馅饼，他坐着追锋车一晚上就到了洛阳。进城之后，他哭着进入皇帝的寝宫嘉德殿，魏明帝曹叡一见到司马懿，似乎眼前一亮，强打精神，握着司马懿的手，断断续续地

谋并天下

晋朝开国奇谋

说："我把后事托付给你，你和曹爽一起辅佐太子。原来死亡也是能够忍耐的，我忍受着死亡来等待你，见到你就没有遗憾了。"——因此，后世叫这次托付为"忍死之托"啊！

曹询比曹芳大，个子也高，曹叡特地把自己确定的嗣君曹芳，叫到司马懿的跟前，用手狠狠地抓着司马懿，说："就是他了，你要看清楚，不要记错！"还让曹芳走上前紧紧抱住司马懿的脖子。

当天，曹叡去世，曹芳即位。第一大臣是曹爽，第二是司马懿。曹魏朝廷给二人加侍中（皇帝的贴身顾问），假节钺（可以暂时代替君主，有生杀予夺的权力），都督全国的部队；每人各带三千名甲士，轮流到皇宫值班。

曹叡想让司马懿做一回诸葛亮，但是这真的是一次赌博，并且赌注很大，大到几年以后，很多人会流血。

魏明帝曹叡没有儿子，曹芳是他的养子，年仅八岁，不能亲政，朝政大事均由曹爽和司马懿掌管。曹爽何许人也？曹爽，字昭伯，曹真之子。他是曹魏的宗室，其父曹真是曹操的族子，能征善战，屡立战功，曹叡时期担任魏国的最高军事长官，负责指挥抗击诸葛亮的北伐，公元231年病故。在曹真的儿子中，曹爽是长子。照一般道理，将门出虎子，曹爽的父亲如此能打仗，曹爽也应是不错的军事家。但曹爽却是个"庸才凡品"，他与魏明帝从小生活在宫中，私交不错，曹叡"甚亲爱之"（《三国志·魏书·曹爽传》）。凭借这种关系，明帝登基后，曹爽的地位不断升迁，"宠待有殊"。魏明帝临终前，任曹爽为大将军、都督中外诸军事、录尚书事，成为辅佐曹芳的顾命大臣。

司马懿与曹爽相比，可没有这种特殊的关系。司马懿的声望和地

位，是凭他自己的本事干出来的，如果论与曹叡的关系，司马懿不如曹爽；如果论资历、论才干，司马懿远远超过曹爽。

魏明帝曹叡用曹爽和司马懿共同辅佐曹芳，有两个目的：第一，曹爽是曹魏的宗室，由他做辅政大臣，可以保证曹家天下不失；第二，司马懿才干过人、足智多谋，可以为朝政出谋划策，如果二人和睦相处，密切配合，相得益彰，曹魏政权不就可以长治久安了吗？但是，曹叡想得太天真了。曹爽和司马懿并没有互相配合，共同辅佐曹芳，而是各有各的打算，明和暗不和，矛盾不断加深。

就这样，曹芳时代开始了，魏国权臣也进入二元体制之中。历史走进了暗流涌动的"正始年间"。

曹爽排挤，仲达暂避

辅政之初，曹爽和司马懿尚能和平相处。从二人的情况看，论年龄，司马懿比曹爽大；论地位，曹爽略高于司马懿。曹爽是大将军、都督中外诸军事、录尚书事，这是从汉到三国非常有实权的职位，朝廷的政务大事，都可以监管。而司马懿就没有这个权力，仅是太尉。二人辅政的顺序，曹爽在前，可称首辅。但司马懿是魏文帝以来的老臣，功劳显赫，为"朝廷之望"，所以曹爽的资历、功绩都远逊于司马懿。

在刚辅政的时候，曹爽似乎也不愿意把关系弄僵，他有意识地提拔司马懿，也让司马懿担任了都督中外诸军事、录尚书事等职。他们各领三千军队，轮流在宫中值班，所以小皇帝曹芳在继位之初的一段时间比较安定。

《三国志·魏书·曹爽传》记载："初，爽以宣王（司马懿）年德并高，恒父事之，不敢专行。"司马懿对曹爽友好的态度，也予以积极回应，同书裴松之注曰："宣王以爽魏之肺腑，每推先之。爽以宣王名重，亦引身卑下，当时称焉。"这说明二人确实有过一段短暂的合作时光，以致"当时称焉"——为时人所称道。

然而，树欲静而风不止，曹氏与司马氏合作的局面后来发生了急剧变化。

虽然司马懿是曹爽的长辈，但是曹爽是一把手，司马懿是二把手，朝廷大事的最终决定权握在曹爽手中。此时的曹爽可谓是"龙骧虎步，高下在心"。但是曹爽是个不懂政治、不懂军事、缺乏施政能力的庸才。不过，曹爽嫉妒心很强，面对办事稳妥、足智多谋、年龄又长他二十多岁的司马懿，曹爽心里有一种说不出来的压迫感，因为两人对话根本不在一个等量级上。商量事情，司马懿往往高屋建瓴，举重若轻，曹爽则支支吾吾，说不出个一二来，甚至曹爽在司马懿的一个不经意的眼神中，都能察觉到他对自己的戗视，这让心高气傲的曹爽，内心很不舒服。于是曹爽逐渐产生了独揽朝政、排挤司马懿的念头。就在明帝曹叡去世不到一个月，曹爽就开始了第一次大规模的人事调整。

第一，任命司马懿为太傅，位居三公。根据惯例，三公为人臣之最，是皇帝的论道之臣，朝廷的日常工作、奏事一般不"麻烦"这样德高望重的老臣。虽然地位高了，但司马懿知道这是明升暗降。为了安抚

老司马，曹爽特意任命司马懿长子司马师为散骑常侍，其他三子弟为列侯，四个子弟为骑都尉。可骑都尉不过就是羽林骑兵的小官。

虽然曹爽没啥本事，但是他有一伙心腹亲信，不断地给他出主意，告诉他如何防范、排挤司马懿。如丁谧、毕轨等人就看出司马懿的才干远高于曹爽，会对曹爽专权构成威胁，对曹爽说，司马懿"有大志而甚得民心，不可以推委之"（《三国志·魏书·曹爽传》）。意思是司马懿的威胁太大了，以后朝政大事不能再让他参与了。那怎么才能排挤司马懿，不让他参与大事呢？曹爽的亲信丁谧策划了一个计谋，让曹爽上告小皇帝曹芳，下诏改任司马懿为太傅。太傅按地位讲，是"三公"之一，可以说是上公，地位很高。但是，太傅仅仅是辅佐太子的老师，并没有实权，名高而权少。皇帝果然下诏任司马懿为太傅，实权被剥夺，他们的第一个目的达到了。这件事，《三国志·魏书·曹爽传》中是这样记载的："外以名号尊之，内欲令尚书奏事，先来由己，得制其轻重也。"也就是说，对司马懿虽然任以高官使之显贵，实际上却将尚书上奏的事情，先由曹爽审阅处理，这样就将司马懿排斥在了核心权力之外。

第二，以曹爽二弟曹羲代替夏侯献为中领军，三弟曹训代替曹爽的武卫将军，以夏侯玄为中护军，曹爽五弟曹彦为散骑常侍、侍讲，其他曹则等兄弟在曹真死后都已经被封为列侯，如今加侍从，作为皇帝身边的近臣，随时控制着小皇帝的行为。

第三，任命何晏为吏部尚书、任命邓飏、丁谧为尚书（东汉时，尚书台不仅是天子政令之所出，而且也是总揽政务的机构，其长官尚书令总揽纲纪，无所不统。尚书令与御史中丞、司隶校尉皆专席而坐。当时号称"三独坐"），任命毕轨为司隶校尉。把过去的吏部尚书卢毓迁为尚书仆射。

第四，李胜被任命为洛阳县令。至于曹爽的其他亲戚故旧被提拔的是举不胜举，可谓是一人得道，鸡犬升天。

这是景初三年发生的事。年号还没有改，还没有进入正始年间。

曹爽的亲信们不仅盘踞了皇帝身边的文职位置，而且也控制了皇帝身边的武装部队，把持了人事、政务和京师周边地区的警务力量。以小皇帝曹芳为中心，曹爽安排了四层势力圈，可谓盘根错节。

与此同时，曹爽还要控制地方兵权。夏侯玄的中护军只是一个过渡，不久又把表兄弟夏侯玄从中护军提拔为征西将军，假节都督雍凉诸州军事，成为西北军区司令。曹爽以王凌为征东将军，假节都督扬州诸军事，王凌外甥令狐愚为兖州刺史，屯平阿（安徽怀远县西南）。舅甥并典兵，专淮南之重，为东南军区司令。

曹爽任用的亲信有两部分人：一是自家兄弟。曹爽家族依仗着曹爽的特殊地位，实际控制了朝廷大权。他们"出入禁闼，贵宠莫盛"，曹家的势力获得进一步发展。二是心腹亲信。这批人包括何晏、邓飏、丁谧、毕轨、李胜等人，他们中不少人在魏明帝曹叡时期因"浮华"曾被罢黜过。什么是"浮华"呢？浮华从字面上讲，就是不务实、虚夸。汉、魏之际的"浮华"，是有特定的政治和思想含义的，当政者常常将性格张扬、喜欢交结的士人或官员，称为"浮华交会之徒"，有时为了整顿政治秩序，往往对他们予以处置。其实，这些"浮华之徒"，不是朝政的反对派和离心力量，只是行为另类、不为当政者喜欢罢了。由于他们与曹爽关系密切，是曹爽重要的支持者，后来又被重新重用，成为了曹爽的亲信和

智囊。

在这些人当中，何晏最有名。何晏，字平叔，他母亲带着他改嫁了曹操。后来，他又娶了曹操的女儿金乡公主，所以何晏既是曹操的养子，又是女婿。从政治派别看，他无疑属于曹魏一派。何晏是玄学的创立者，很会谈玄，而且多才多艺，"少以才秀知名"。同时，这个人又非常爱打扮，"动静粉白不去手，行步顾影"（《三国志·魏书·何晏传》）。魏、晋时期，男人以白为美，一些男人有时候为了让自己的皮肤变得白皙，出门的时候常常带着粉扑，不管是走路还是坐在那儿，趁人不注意就抹两下。何晏长得又很好，所以人们都很关注何晏的一举一动。

何晏还有一种爱好，就是爱吃补药。魏、晋流行吃药之风，吃什么药呢？这种药的名字叫"五石散"，实际上是由五种石头磨成的药。据说吃了以后，可以健身，让你感觉到一种不可名状的快感。但吃不好，也能把人吃死。何晏很勇敢，带头吃这种补药，所以他堪称是服食五石散的祖师爷。虽说何晏是个大名士，但绝不是搞政治的材料。但是在曹、司马之争中，他却被曹爽一直视为心腹。随着曹、司马之争的形势越来越明朗，他感觉自己越陷越深，不能自拔，内心十分恐惧。

曹爽任命的这些人很多名声不好。邓飏，字玄茂，《魏略》上说他是东汉开国大将军邓禹之后，明帝时为尚书郎、中书郎，后来因为和李胜等为浮华友，被明帝斥出不用。此人能言善辩，既要名，也贪财，后来吏部尚书何晏用人不得人心，多因此人举荐不当所致。一个叫臧艾的人找到邓飏跑官，竟将父亲的小妾送给了邓飏，被当时传为笑谈，品评邓飏为："以官易妇邓玄茂。"

丁斐与曹操同乡，关系很好。丁斐天生贪财，一次，把自家的病

老牛偷偷去换公家的好牛，受到处分。曹操爱开玩笑，一天见到丁斐，就问他："你的官印呢？"丁斐也知道曹操是挖苦他换牛的事，就说："拿去换饼吃啦！"曹操大笑，对身边的人说："我不是不知道这人的毛病，但是，我身边有这样一个人，就像家里养了个喜欢偷吃的狗一样，虽然偷吃，但是却能给我抓老鼠，我的东西被偷吃，是有损失，但是口袋却避免了被老鼠偷吃，还是满满的啊。"丁谧，字彦靖，丁斐之子。丁谧的性格与他父亲截然相反，比较阴沉清高，甚至连何晏也看不起，但是对曹爽却很忠心，是曹爽的核心谋士，经常为曹爽出谋划策。

回过头来看，在第一次的人事安排上，曹爽可谓是占尽先机，司马懿什么好处都没捞到。曹爽集团的力量远远超过了司马懿一方。

面对强大、嚣张的曹爽集团，已经失去实权的司马懿尚不具备与之抗衡的能力，只好先退避三舍、冷静观察，看看曹爽他们究竟能飞多高、蹦多远。《三国志·魏书·曹爽传》说，司马懿"力不能争，且惧其祸，故避之"。应该说，这是司马懿的明智之举——我现在打不过你，惹不起你，先离你远着点。司马懿这边暂避风头，曹爽那边却自以为得志，一手遮天，大权在握了。不过，曹爽本来就是一个胸无大志、贪图享乐的纨绔子弟，现在见司马懿被排挤，不禁利令智昏、得意忘形，接连做了不少蠢事，充分暴露了自己的无能。刚刚上任大将军的曹爽，这一年就做出了三件对将来影响深远的错事。

其一，奏免卢毓。

此前的吏部尚书是卢毓，曹爽为了抓住人事权，就要把这个位置弄到自己人的手中，于是，他将卢毓提拔为尚书仆射。不久，曹爽还是感到此人碍手碍脚，又把卢毓调任廷尉。随后，毕轨又上书说人家不称职，廷尉干脆也不让人家干了！

卢毓是什么人？东汉末年，大名鼎鼎的北中郎将卢植的小儿子。曹操曾经评价："故北中郎将卢植，名著海内，学为儒宗，士之楷模，国之桢干也。"（《后汉书》）卢毓也和他父亲一样，为人十分正直。魏明帝的时候，奢靡之风逐渐盛行，高堂隆经常上书劝谏，明帝十分恼火，身为侍中的卢毓对明帝说："君明则臣直，因此，高堂隆才敢给您直谏进言，这事本来是我们做近臣的事，我们没有做到，这是我们赶不上高堂隆的地方。皇帝您还是多多包涵他吧。"同时，他也很客观地看待文化人的名气问题。明帝讨厌何晏等人互相吹捧，进而对有名气的人一概反感。而卢毓却说："正是因为文化人遵循道德，才注重名声，有名气不一定就是坏事。只是现在只按照人的名气用人有失偏颇，没有对政绩的考核，才造成鱼目混珠的局面。"因此，以后才实施了对官员政绩的考核制度。景初二年（公元238年）的时候，明帝问叫谁当司徒，卢毓推荐韩暨（曾孙韩寿，就是"窃玉偷香"的那个美男子）、崔林（曹魏老臣，景初中为司空）、常林（司马懿的老乡，历任尚书、大司农，司马懿见到就经常下拜《三国志·常林传》）。

卢毓可是长年身处官场核心的人物，在朝中有很大的人脉关系。于是，史书记载"众论讼之"，引起了众怒。结果，曹爽只好妥协，重新任命卢毓为光禄勋，一个位高但边缘化的官职。这次算是彻底得罪了卢毓。

其二，调离孙礼。

孙礼，字德达，涿郡容城（今河北容城）人。建安十年（公元205年），曹操平定幽州，召为司空军谋掾。孙礼在曹操时代一直在地方为官，明帝时期，他入朝担任尚书，为人耿直不屈。一次，明帝出猎，一

只猛虎蹿到明帝面前，孙礼立即下马奋剑将老虎杀死。明帝临去世的时候，在床前拜孙礼为大将军长史，为的是让孙礼辅佐曹爽。

孙礼作为从曹操时代就为曹魏效命的老臣，明帝把他安排在曹爽的身边，一方面，是因为他能够为曹爽出主意，想办法；另一方面，他也有着很好的人脉。但是，孙礼性格倔强，与曹爽也素无交情，很多事情总是和曹爽不合拍。曹爽一气之下，将孙礼加封为伏波将军，赐爵关内侯，任命为扬州刺史，远远地调离了身边。曹爽把孙礼外派，其实就是把自己的人推到了中间派的阵营。

此后，还有一件事情使孙礼彻底投靠了司马懿。

其三，罢免傅嘏。

傅嘏，字兰石，北地泥阳（今甘肃宁县）人，是傅介子（汉武帝时人，当时，楼兰国对汉朝怀有二心，傅介子带领百人深入楼兰，斩杀楼兰国王）之后人。傅嘏为人才干练达，有军政识见，喜欢议论军国大事。他年轻的时候，就被司空陈群辟为掾属。正始初年，任黄门侍郎。傅嘏本来是个中立派，甚至还有点偏向曹爽，他曾对曹爽的弟弟曹羲说："何晏表面上平静安详，但内心却急躁冒进，沉溺于投机取巧，并且利欲熏心，我担心时间长了会误导你们兄弟，这样，仁人志士就会远离朝廷，朝政就荒怠了。"曹羲给曹爽一说，可曹爽又告诉了何晏。这下，何晏怀恨在心，找个机会就把傅嘏给免官了。

而司马懿这边呢？兼收并蓄，团结一切可以团结的人，很快就把傅嘏任命为自己的从事中郎，从此以后，傅嘏成为司马懿集团的智囊，为司马懿家族的夺权斗争立下了汗马功劳。

在曹叡死后的不到一年时间里，曹爽干的这三件事情都不漂亮。第一件企图罢免卢毓，结果使一大批老臣站到了对立面，并引发了朝廷上下的普遍反抗，曹爽因此不仅丧失了朝中一些老臣的支持，而且也降低了自己的威信。第二件调离孙礼，把本来属于自己阵营的人推到了中间派的位置，可谓是自斩臂膀。第三件罢免傅嘏，把中间力量推到了自己对立面。到司马懿阵营以后，傅嘏提出了选拔人才要全面，强调评鉴人物应以"实才"为主，不仅要看言谈议论，而且还要看精神境界。特别是针对当时何晏的"才性异"观点，傅嘏针锋相对地提出了"才性同"的观点。

从司马氏方面来看，虽然暂时表面退让，暗中却也在布置。卢毓的任免风波，最后造成"众论多讼之"的局面，幕后也似乎能看到司马懿的身影。

司马懿善于用兵，善于审时度势，也善于利用一切可以利用的机会和力量打击对手。在曹爽亲信主持朝政时期，洛阳屡屡出现各种奇怪的谣言，比如"何邓丁，乱京城！"等等，这些谣言的产生，都是有幕后的策划者和创作者的，而那个幕后的人物则不言而喻。

司马懿在利用机会打击对手的同时，当然也没有忘记尽其所能在朝廷的关键部位安插上自己的亲信，他在夏侯玄被任命为西北军区司令的时机，让儿子司马师代夏侯玄为中护军，并将自己的亲信蒋济升为太尉。除此之外，朝中倾向于司马懿的人还有王昶（魏明帝青龙四年，由司马懿向皇帝推荐，从此成为司马氏家族的亲信，后来王昶一族成为在西晋显赫一时的太原王家）、邓艾（被司马懿从一个普通地方官吏提拔）、高柔、钟会、孙礼、王基、王观（司马懿从事中郎，后为少府）、卢毓、郭淮、傅嘏等人。对于这些人，司马懿分别采取不同的方法进行拉拢：一是对于和自己同辈或者资历相当的，以谦和之礼争取感情上的亲近，如高柔、卢毓；二是对于资历稍逊的，或者是中间派人士，制造机会极力拉拢，如孙礼、傅嘏；三是对于有能力的后辈，大力提拔，使之成为自己的心腹，如邓艾、钟会等；四是对于原属于自己阵营的成员，极力推荐到各个重要岗位，如王昶、王基、王观等人。

实际上，司马懿在暗中一刻也没有闲着。虽然他不是首辅，但他毕竟是太傅，还依然持节、都督中外诸军。他要充分利用自己的权力，用尽可能多的时间控制军队，熟悉军队。

曹爽专权，仲达装病

正始二年（公元241年），吴国想趁着魏国新君即位之初进攻魏国。像以往一样，吴国的进攻还是那种抢劫式的，吴主孙权之所以喜欢这种战法，与当时吴国的综合国力有相当大的关系。当时的吴国人口较少，人口少就意味着兵员少，因此兵员问题一直是孙权十分关心的问题。他曾听说夷州（今台湾）有民，在太和四年（公元230年），不顾陆逊、全琮等人的反对，命令将军卫温、诸葛直率领甲士万人涉海抢掠人口。第二年，二人掳掠了几千野人回来，可是万余训练有素的士兵，却因感染传染病而死了几千，劳而无功。多年以来，他还命令地方官搜捕南方境内的五溪蛮以及丹阳（今南京）附近、会稽等地深山密林的土人，诸

葛恪就曾经请求担任丹阳太守，并且做出保证用三年时间搜捕到四万甲士。也就是在正始元年（公元240年）的前一年（公元239年）四月，吴还趁着司马懿平定辽东、大军撤回以后，派遣督军使者羊衙（音道）击辽东守将，俘人民而归。

所以，这次吴国发兵对魏国的攻击，其实还是老一套，抢点人口、粮食、财物而已。对此，吴国零陵太守殷札就向孙权建议："如果每次都不是倾全国之力去进攻，还是像以往那样，轻率出击，用处不大。并且刚一出动，就撤退，反复这样，不仅会让人民劳顿，而且也会丧失国威军威。"然而，孙权不听。

孙权是这样部署的：

东路：由全琮进攻淮南，挖开芍陂（又名安丰塘、龙泉陂，今安徽省寿县南三十公里处，是由人工修造而成的蓄水塘）；诸葛恪攻六安；以上两路，主要是在合肥北部及附近地区战斗。

西路：朱然进围樊城，诸葛瑾攻柤中。以上两路，在西线，一方面进攻曹魏在西线的战略支点樊城，一方面打击曹魏荆州地区的粮仓——柤中，《襄阳耆旧记》记载，"柤中在上黄界，去襄阳城一百五十里。"

当时驻守东南的曹魏将领是征东将军王凌和扬州刺史孙礼。王凌是何许人呢？

王凌就是王允的亲侄子。王允杀掉董卓以后，董卓部将李傕、郭汜等趁虚攻下长安，王允满门被杀，王凌和哥哥王晨翻城墙逃归乡里，后来王凌被曹操招为手下。魏文帝曹丕的时候，曹休石亭一战，幸亏王凌殊死血战，才保全了曹休性命。战后，王凌即被任命为扬、豫州刺史。

正始初年，王凌又被任命为帝国东南军区总司令。他是一个忠勇过人的魏国重臣。

这次，王凌与刺史孙礼一道，率领军区的全部部队，与全琮在芍陂展开激战，双方激战数日，最终全琮被击败，率领部队逃走，诸葛恪也仓皇退回。东线战事结束。

而此时的西线战斗还在进行。

朱然在吕蒙死后，即代替吕蒙为东吴西北军区司令，是东吴硕果仅存的老将，他率军将曹魏帝国的樊城围得水泄不通。魏国荆州刺史胡质率领轻装骑兵火速救援樊城，双方交战，互有胜负。

就在此时，司马懿要求带领大军，前去救援樊城。并且还给曹爽出了一个难题：此番如果曹爽前去，那么京师将无人坐镇，司马懿极有可能出手。如果让司马懿去呢？司马懿一定会利用统军的机会，进一步加强自己在军队里的影响力，如果司马懿再击败吴军，又将进一步提高他的声望。

曹爽看出了司马懿的心思，于是，在曹爽的暗示下，朝臣纷纷劝阻，理由是：樊城城池坚固，敌人顿兵坚城之下，很快就会退却，不必太傅亲自出马。

可是，司马懿决心已定。

司马懿避开从纯军事的角度谈出兵的必要性，而是从曹魏安危的角度，义正词严地说："现在大敌临境，南方租中的军民隔在汉水南岸，流离失所，（大臣如果）还安居庙堂之上，（都这样没有责任心）这才是最让我担忧的啊！"

曹爽无话可说，只好同意。

等司马懿大兵一到，朱然就撤退了，然后，司马懿开始追击，据说大有斩获，有的书上说司马懿俘获或斩杀近万人。司马懿的声望再次提高，朝廷增封食邑达到万户，司马懿的子弟十一人都被封为列侯。

司马懿尝到了甜头，于第二年，又故伎重演。这次，他把目光转向了淮南地区。

司马懿想在东南地区屯田，就派了自己一手提拔的邓艾前往考察。邓艾出身低微，为颍川郡襄城县负责农业生产的低级官吏。一个偶然的机会，邓艾进京向司马懿汇报工作，被司马懿选做太尉府掾属，接着提拔为尚书郎。从此，邓艾成为司马懿的忠实下属。邓艾从陈县（今河南淮阳）、项县（今河南沈丘）一路巡视到寿春（今安徽寿县）。经过考察，邓艾提出了两项重要建议：第一，开凿河渠，兴修水利，以便灌溉农田，提高单位面积产量和疏通漕运；第二，在淮北、淮南实行大规模的军屯。

邓艾的建议得到了司马懿的充分肯定，并立即着手实施。首先，曹魏开凿了广漕渠，将黄河水系与淮河水系连接起来。具体广漕渠的位置，史书说法有异，《水经注》记载："沙水又南与广漕渠合，上承庞官陂，云邓艾所开也。"《读史方舆纪要·陈州·贾侯渠》条："又州南有广漕渠，《水经注》以为邓艾所开。"清时陈州即魏时陈县（今淮阳县）。但是，从《晋书·宣帝纪》记载，开广漕渠的目的是"引河入汴"，这里的汴应当为汴河，东汉时叫汴渠。似应在上游，而不在陈县。然后，北以淮水为界，自钟离以南，横石以西，至沘水源头之间的四百多里范围的土地上，五里设置一个军屯营，每营六十人，一面屯田，一面戍卫。同时，淮阳、百尺两条河渠也拓宽了，从黄河引水注入淮水和颍水，颍南、颍北修成了许多陂田和淮阳、百尺两个水渠，灌溉

农田两万顷，从而使淮南、淮北连成一体。几年之后，从京都洛阳到寿春，兵屯相望，鸡犬相闻，并从洛阳可以乘船抵达淮河，进入长江。

司马懿在大规模组织军屯的同时，又准备将驻扎在皖城（今有安徽怀宁、潜山二说）的吴国诸葛恪军队赶走。

魏国朝堂上立即又展开了一场激烈的辩论。曹爽一派说："诸葛恪驻兵皖城，有坚城粮草，强攻不易。如果我们远程进击，吴国必然来救，那很危险。"司马懿反驳道："吴军擅长就是水军，我们现在去进攻他的城池，看他怎么应对。如果他要弃城而去，那还算他聪明；冬天水浅，敌人援军的船也到不了城边；如果他们上岸打，是弃其所长，我们更有胜利把握的。"

正始四年（公元243年）九月，司马懿率兵进驻舒城（今安徽舒城县），做出要大规模进攻诸葛恪的架势。

孙权命令诸葛恪把城中粮草烧掉，弃城逃往长江以南的柴桑（今江西九江）。

司马懿又一次得手，此次虽然没有斩获敌人，但是不战而屈人之兵，把吴军逼到了江南。

这次，齐王曹芳让司马懿持节检阅部队，司马懿在曹魏的声望再次提升。

再这样下去，曹爽的脸还往哪搁？司马懿的每一次成功，无疑都在刺激着曹爽的心，也刺激着邓飏、夏侯玄和长史李胜等人的心。

曹爽和他的同党们好不容易把司马懿排挤出去了，也把持朝政大权了。可再纵容司马懿如此发展下去，会对曹爽及其亲信们不利。但是，以曹爽为首的这批人，实在令人失望，他们不仅从政的能力很差，而且私心很重，所以逐渐失去人心。就在司马懿吓退诸葛恪以后，曹爽的亲信们纷纷劝说曹爽亲征蜀国，立下功名。曹爽也在亲信们乱出点子的情况下，连连失误，这主要表现在以下三个方面：

其一，攻打蜀汉，无功而返。曹爽身为大将军，按说应该是最能打仗的，最能指挥战争的，可是曹爽没有战争经历，所以他在朝廷独揽大权后，觉得应该露一手，打一场胜仗，一可以服人，在将帅中建立威望；二可以震慑一下司马懿，让司马懿别小瞧他。曹爽的党羽邓飏看出了曹爽的心思，就鼓动曹爽发动一次对蜀汉的战争。司马懿听说曹爽准备发动进攻蜀汉的战争，就特意劝说他："蜀汉可不能轻易攻打，没有准备充足，根本不能贸然进攻。"可是曹爽根本不听，执意发兵。

正始五年（公元244年），曹爽调集六七万军队进攻蜀汉，他还亲自坐镇长安，指挥作战，似乎胜券在握。进攻蜀汉，最重要的是越过秦岭，占领汉中，只有拿下汉中，才能进一步地向南用兵。魏军准备穿越骆谷，蜀国得知后，派军队占据有利地形，将谷口封锁，骆谷出路崎岖，非常狭窄，这使魏军的前进速度十分缓慢。我们从诸葛亮北伐曹魏屡屡失败中看到，由于路途遥远，粮食供应是个大问题，粮食供应不足，很难打胜仗。当时，曹魏的军队也遇到了这个问题：山路崎岖、粮食不足，"牛马驴骡多死，民夷号泣道路"（《三国志·魏书·曹爽传》）。运粮食的牲口或累死或摔死，随军的老百姓痛苦不堪，军民怨声载道，战争没有任何进展，损失惨重。根本不会打仗的曹爽一筹莫展，无计可施，最后，只好尴尬地撤军。

曹爽原本想通过打一场胜仗露露脸，"立威名于天下"，结果却是一败涂地，朝廷内外无不对他嗤之以鼻。

其二，变异法度，排斥异己。曹爽排挤了司马懿之后，搞了一次改革，这就是所谓的"正始改制"。"正始"是曹芳的年号，从公元240年到公元248年。按说改革应促进社会发展，有助于社会进步，可是曹爽的改制却遭到普遍的批评。比如太尉蒋济就曾说："是时，曹爽专政，丁谧、邓飏等轻改法度"，造成"无益于治，适足伤民"（《三国志·魏书·蒋济传》）的后果。

应璩对曹爽"多违法度"的改制，也撰文讽刺，"其言虽颇谐合，多切时要，世共传之"（《三国志·魏书·王粲传附应璩、应贞传》裴松之泣引《文章叙录》）。

王凌虽是司马懿的对立面，但他的儿子王广也批评曹爽"以骄奢失民，何平叔（晏）虚而不治，丁、毕、桓、邓虽并有宿望，皆专竞于世。加变易朝典，政令数改，所存虽高而事不下接，民习于旧，众莫之从"（《三国志·魏书·王凌传》裴松之注引《汉晋春秋》）。从以上材料看，不少人对"正始改制"持否定态度。为什么呢？首先这个改革是"虚而不治"。这个"虚而不治"，就是上面所说的浮华。说大话，说虚话，不干实事，不懂如何治理国家。其次，曹爽等一伙人，包括何晏、丁谧、毕轨、桓范、邓飏，虽然在社会上都有一定的威望，但是他们轻易地改变各种制度，具体的措施又不到位，所以"民习于旧，众莫之从"——老百姓接受不了。他的改制没有多少成效。

由于资料所限，"正始改制"的详细内容已不太清楚。目前所知道的，是曹爽等人对选举制度进行了改革。选举制度就是用什么人为官，曹爽为了专断朝政，利用改革选举制度，拉拢亲信，排斥异己。明末清初思想家王夫之，在《读通鉴论》中指出，何晏"解散私门之党"，排斥的是司马氏一党；"植人才于曹氏"，是为曹魏培植人才，点明了曹爽、何晏"正始改制"选、罢官员的实质。由于选举不公，不少被罢黜者转而投靠了司马懿。

其三，生活腐化，大失人心。曹爽打仗、从政不行，搞腐败却很内行。他骄奢无度，饮食、衣服与皇帝相同，皇宫里的许多珍宝玩物被他拿到家里，供自己玩赏。甚至他还将宫女拉到家里为他演唱、享用。在地下修筑宫室，里面装饰得非常华丽，经常与何晏等亲信在里面饮酒作乐。他们又大量私分洛阳等地的屯田土地。曹爽等人的腐化行为，连他弟弟曹羲都看不过去了，"深以为大忧，数谏止之"。他还写了三篇文章，"陈骄淫盈溢之致祸败，辞旨甚切"，曹爽看后，"甚不悦"。曹爽的腐败，引起了许多人的忧虑，人们感到若不改弦更张，将会面临败亡。

侍中钟毓参加曹爽的酒宴回家后，其母对他说："乐则乐矣，然难久也。"还说曹爽"今奢僭若此，非长守富贵之道。"（《三国志·魏书·钟会传》裴松之注）何晏的妻子也对何晏整天花天酒地深感忧虑，对其母说："晏为恶日甚，将何保身？"（《三国志·魏书·曹爽传》裴松之注引《魏末传》）杜有道的妻子严氏也说："晏等骄侈，必当自败。"（《晋书·列女传》）当时还有一个老臣叫辛毗，是曹魏的一个很有名望的老臣，连他的女儿都说："曹爽与太傅俱受寄托之任，而独专权势，行以骄奢，于王室不忠，于人道不直。"（《三国志·魏书·辛毗传》裴松之注引《世语》）这是说，你曹爽本来是和司马懿一块来辅政的，可是你却自己专权，生活腐败，你这样做，"于王室不忠，于人道不直"，那就等于是违背天理、违背人心。从这些言论中可以看到，曹爽虽然专断朝政、大权在握，但其腐败行为已失去人心，其末日

谋并天下

晋朝开国奇谋

不远了。

而此时，处于劣势的司马懿，对曹爽等人的种种行径看在眼里记在心上，他很清楚，本来是二人共同辅政，拱卫皇室，结果却遭到排挤，无法施展才华。而曹爽的倒行逆施，更使得司马懿怒不可遏，于是萌发了扫除曹爽，进而取代曹魏的念头。不过，曹爽集团的力量实在强大，处于劣势的司马懿，在力量上还不足以与之抗衡。计谋多端的司马懿决定积聚力量，伺机反扑。

时光缓慢地进入正始的第八个年头。

由于伐蜀的失败，使曹爽恼羞成怒，他做了两件色厉内荏的事情：迁太后，毁中垒中坚营。他想藉此公开和司马懿叫板，撕破脸皮，就此一搏！然而，与曹爽嚣张、不可一世的架式相比，司马懿失去了实权，所谓辅政大臣，实际成了摆设。势单力薄的司马懿将怎样对付曹爽呢？司马懿深知"不到火候不能揭锅"的道理，他决定采用欲擒故纵的办法：你曹爽不是不带我玩儿吗？我还不跟你玩儿了呢，我不说话，也不上朝，我病了还不行吗？于是，司马懿故伎重演，又病了。

就在这一年（公元247年）的四月，司马懿的老婆张春华去世了。二十二年以前，当张春华夫人三十七岁的时候，司马懿就已经因为张夫人"年老色衰"而称其为可憎的"老物"，二十二年后的今天，在前来吊唁的魏国众臣面前，苍老的司马懿一副悲痛欲绝的模样，他在展示着一个负责任的丈夫应该表现的礼仪。随后，这个老人被晚年丧妻的悲痛击垮了，他生病了！而且这一病就是整整两年！

作为一个异姓大臣，司马懿时刻站在物议的潮头，然而每次面对危机，他总能够妥善予以化解，当对面的敌人伸出拳头要和自己较量的时候，他清楚地知道站出来就是送死！没有人能够阻挡那个志得意满的人的时候，只有忍耐，忍耐，寻找对方的破绽。

如果有足够的耐心，足够的细心，对方的破绽总会有的，机会总会到来，司马懿现在所要做的就是不要被曹爽找借口掐死。

在司马懿生病期间，位高权重的刘放、孙资、卫臻竟然同时提出辞呈，离开了朝廷，或许是他们看到了暴风雨即将到来的某些征兆。

而在这两年里，身为皇帝的曹芳也深知，无论曹爽与司马懿哪一方取胜，他们都会大权独揽。因此，对于两人的激烈斗争，他熟视无睹，在后宫游宴无度。何晏曾上书劝谏说："皇帝您以后还是多抽出时间与大臣讲论经书，探讨理论，这才是正道啊。"但是，皇帝一概不听。

转眼间，司马懿已经抱病一年多了。在这一年多的时间里，司马懿杜门不出，朝政的事情一点都不干预，好像在曹魏的政坛上消失了，他瞒过了几乎所有的人。

时光就这样又平静地走过了一年。

以前，由于清河国（今山东省临清市）与平原国（今山东省平原县）发生边界纠纷，当时的冀州刺史孙礼，要求以魏明帝曹叡封为平原王时的地图作为标准。对此，司马懿支持，而曹爽反对。就因为这件事情，曹爽和孙礼翻脸，彻底把孙礼推到司马懿的怀抱。此时，孙礼被任命为并州刺史，他前往拜见司马懿，一脸怒容。司马懿问："你是嫌并州太小？还是对分界的事不平？"孙礼说："您说话怎么这样离谱？我虽然没有才能，怎会为官位和往事烦恼？我认为大人可比伊尹、姜子牙，辅佐皇家，上报先帝托孤，下建万世勋业。而今国家十分危险，这才是我不高兴的原因。"说罢，不禁涕泪交流。司马懿说："不要这

样，忍耐别人忍受不了的事！"

即使像孙礼这样的人也被司马懿瞒过，逼得司马懿只好对他直说："忍常人所不能忍。"

此时的曹魏朝堂之上似乎已经遍布曹爽的人，在曹爽看来，即便是偏向司马懿的太尉蒋济，也不过是尸居余气，他虽然还时不时地对何晏的改革，上书提出点不同的意见，也没什么大不了的，曹爽已牢牢控制了曹魏朝政，难怪司马懿会说出这种话来。

尽管如此，在这一年多的时间里，曹爽还是不敢前去司马懿家探病。为了摸清实情，在正始九年（公元248年）的年底，他派李胜前去司马懿家探病。如果司马懿拒之不纳，那就肯定有诈；如果他引入相见，你李胜要看清楚他到底病得怎样，真病还是假病。

《魏末传》对李胜拜见司马懿经过进行了栩栩如生的描写。

司马懿见客的时候，一副老态龙钟的模样，叫两个奴婢在身边侍候，在奴婢的服侍下，司马懿伸手去拿衣服，手哆嗦着没拿好，衣服落到了地下；在客人面前，司马懿对着奴婢指指嘴，意思是想吃点，奴婢侍候着他吃粥，吃着吃着，粥从司马懿的嘴唇边流下，胸前弄得一塌糊涂。

李胜心中那个阴沉强悍的敌人，突然之间变成了眼前这个可怜的老人；曾经叱咤风云的军神，如今竟然如此苍老不堪。一种英雄末路的悲凉陡然撞击着李胜的心灵。

李胜哭了。其实，曹爽集团的很多人都是些正人君子，即使不是，起码也还是性情中人，绝不是冷血动物。在他们的心中，和司马懿之争仅仅是权位之争，根本没有对司马懿要赶尽杀绝的意思。

李胜哭着对司马懿说："现在皇帝年龄还小，天下还全仰仗您掌舵。可是大家都说您过去的旧病复发，没有想到您的贵体竟然到了这种地步啊！"

司马懿咳嗽得上气不接下气，过了很久才平复下来，他徐徐说道："年龄大了，旧病复发，恐怕活不了多久了。您被派到并州，那里有胡人，您还是要好好做，以后咱们恐怕也见不着了啊！哎，可叹啊！"

李胜说："太傅，我是被任命到我家，是荆州，不是并州啊。"

司马懿又糊涂了。继续顺着自己的思路往下说："你要到并州，好好干啊！"

李胜又把自己被任命为荆州刺史，不是并州刺史说了一遍。

司马懿似乎回过神来，说："我老了，脑子不够用，听不懂你的话。如今你还乡，升为并州刺史，好啊。今天要和你分别，看看自己的身体，估计咱爷俩永远也见不到了啊。以后我的儿子司马师、司马昭就托付给你了，你们要结成朋友，以后多多照应他们哥俩，可不能不管不顾啊，这也是我这个老人对你的最后托付了啊。"

说着说着，司马懿老泪纵横，悲不能言。司马懿的这番表白，说得李胜也是唏嘘长叹，悲从中来。

李胜从司马懿家告辞出来，马上去曹爽那里作了详尽的汇报，又对着曹爽等人流着眼泪说："太傅的病看起来是无力回天了，想起来真的叫人难过。"李胜的话，使曹爽一直绷紧着的神经顿时松弛下来。过去，桓范曾经建议曹家弟兄们不能一起出门，有一段时间，曹爽坚持得很好，现在，司马懿就要死了，曹爽紧绷一年多的神经也该放松放松了。

但是，敏感的何晏却对这种宁静和诡异，心怀畏惧，他写下五言诗《言志》透露出了这种恐惧："鸿鹄比翼游，群飞戏太清。常畏天网

罗，忧祸一旦并。岂若集五湖，顺流嗳浮萍。逍遥放志意，何为怵惕惊？"（《世说新语·规箴》注引《名士传》）

司马懿的表演，天衣无缝，装得非常像：掉衣服，没感觉，喝稀粥，身上洒，神志不清，将荆州故意说成并州——一副弱不禁风、形同朽木的样子，真是惟妙惟肖！连本来是去探听虚实的李胜都被迷惑了。司马懿装病瞒不过曹操，但骗骗年轻气盛的曹爽还是绰绰有余的。

实际上呢？司马懿暗中正在加紧准备，而曹爽只知道享乐，浑浑噩噩，不知道形势将要发生什么变化。当时可谓是山雨欲来风满楼，只等待时机，看司马懿怎么收拾曹爽集团了。

第二章　韬光养晦，暗中蓄势

第三章
伺机而变，大权独揽

　　魏明帝曹叡托孤时，让司马懿与曹爽共同辅佐小皇帝曹芳。然而，曹爽却想尽千方百计排挤司马懿，独揽大权。司马懿面对曹爽的发难与专权，只好暂敛锋芒，韬光养晦，还利用装病瞒过了曹爽，避免了与曹爽的正面冲突，致使曹爽误以为司马懿真的是行将就木了。所以曹爽一伙就更加瞎折腾、更加腐败，愈来愈丧失人心。司马懿也逐渐产生了取曹爽代之的念头。终于，司马懿在做足准备之后，伺机而变，大权独揽。

筹备事变，山雨欲来

　　司马懿面对曹爽的发难与排挤，只好以退却甚至装病为掩护，迷惑曹爽，避免了与曹爽的正面冲突。但司马懿可不是忍气吞声的窝囊废，他"刚断英特"，有政治理想，当时他寡不敌众，只好退却自保，冷静地观察形势。他看到曹爽一伙瞎折腾，搞腐败，丧失人心，遂逐渐萌生了取而代之的念头。

　　在曹爽丧失警惕之时，司马懿却在暗中紧锣密鼓，加紧了反击的准备。

　　这个时期，整个洛阳城笼罩着诡异的气氛……

　　就在这山雨欲来风满楼的寂静中，只有老谋深算的孙资、刘放、卫臻准确地捕捉到了。除了他们以外，还有一些明眼人也已察觉到一些乱象的蛛丝马迹，似乎嗅到了一股杀气。正始八年（公元247年），曹爽任命竹林七贤之一的阮籍为参军，阮籍看到局势紧张，不愿意卷入其中，托病拒绝接受，返乡闭门不出。

　　竹林七贤的另一位名士山涛，也察觉到了司马氏与曹爽集团必有一争，然鹿死谁手，一时难以确定。一次，山涛与好友石鉴共宿一室，入夜，山涛辗转反侧，焦躁不安，他突然起身，将石鉴弄醒，对他说："今为何等时而眠邪，知太傅卧何意？"——现在都啥时候了，你还睡

得着觉？你知道太傅司马懿生病是啥意思？不久，山涛就离职返乡隐居了。石鉴也是明白人，他也看出司马懿生病不是真的，背后一定有事，于是也回家乡了。这些被后世作为魏晋文化符号的竹林七贤，远远地避开洛阳这个是非之地，在嵇康的别墅——云台山百家岩幽静的竹林里，正悠然地做着竹林之游。

除了那些名士们，其实，还有很多敏锐的人也都觉察到了危险。《晋书·列女传》记载的杜有道妻严氏就是其中的一个。史书称严氏，字宪，十八岁就寡居了。当时，傅玄要娶严宪为继室，可傅玄与曹爽不是一个阵营，严氏亲戚都很忧虑，严宪却说："晏等骄侈，必当自败，司马太傅兽睡耳，吾恐卵破雪销，行自有在。"一个深闺中的妇女尚且知道司马懿的厉害，将其比作睡着的野兽，曹爽等人竟然不知！

老谋深算的司马懿主要是从以下几方面着手开始反击的：

第一，拉拢老臣，寻求支持者。曹爽垄断朝政，靠的是拉帮结伙——顺之者昌，逆之者亡。司马懿就将被曹爽排斥的一些老臣，悉数拉到自己一方，成为司马氏的有力支持者。

如老臣蒋济，是魏国重臣，曹芳时官至太尉，为魏国提出过不少

保存完整的晋朝战车

有价值的建议。当时，曹爽专权，党羽丁谧、邓飏等人经常轻易更改法度，蒋济上疏劝阻，说这样做"不仅无益于治理国家，还损害百姓。希望文臣武将各尽其职，那样国家才可以太平无事"。但曹爽集团对蒋济的劝说不理不睬，蒋济非常失望，于是转投司马懿，帮助司马懿谋划铲除曹爽集团。以执法严明著称的老臣高柔，也是司马懿的重要支持者，在后来剿除曹爽的政变中也起了重要作用。

第二，控制军队。司马懿明白，与曹爽集团的较量，最终还是军事实力的抗衡。司马懿手里掌握的军队包括两部分：一部分是他儿子司马师担任中护军控制的朝廷禁军；另外一部分是司马氏在民间偷偷组织的敢死队，号称"死士三千"，这些军队成为司马懿的坚强后盾。

第三，制造舆论。在古代政治斗争中，为使对立面名声扫地，往往用"榜书"（散布一些文书、谣言）攻击对方，使之孤立、难堪，从而引发民众的公愤，司马懿也用了这一手。据《晋书·宣帝纪》记载，司马懿托病辞职，时人便为之谣曰："何邓丁，乱京城。"其实，这个"谣"是司马懿有意派人散布的。何，指何晏；邓，指邓飏；丁，指丁谧。说这三个人是"乱京城"的罪魁祸首。这种话简短上口，流传很快。其作用是为司马懿后来发动对曹爽的反击，制造了舆论准备。

在司马懿装病期间，洛阳城内表面十分平静，其实暗地里正在酝酿着一场风暴，可谓山雨欲来风满楼。曹爽被司马懿所蒙蔽，自以为大权在握，高枕无忧，还可着劲儿的享乐呢！

司马懿日夜筹备事变，但这个计划却只和长子司马师商量，直到行动前的那个晚上才告诉了次子司马昭。拥有这样谨慎性格的人，怎能不所向无敌？

司马懿最器重长子司马师，这个儿子有魄力、有能力，平时就私下豢养了三千兵士。如果运用曹魏的军队，那样一是太显眼，二是不能保证突然事变时听从指挥。而司马师用自家的钱豢养的这三千兵士绝对是心腹死士。对阵敌国的大军团虽然不顶用，但对付志大才疏的曹爽等人，还是十拿九稳的。

在事变前的晚上，安排好次日的行动之后，大家都去休息。司马懿让人去看两位公子的动静，那人回来禀报说：大公子睡得又香又甜，二公子却光在床上烙饼。

难怪司马懿偏爱司马师啊！

种种迹象表明，司马懿磨刀霍霍，只待时机成熟，就要上演一场政变了。

伺机而变，诱骗曹爽

正始十年（公元249年）正月初六，新年刚过，按照祖制，小皇帝曹芳要到距离洛阳城九十里的高平陵（今洛阳东南大石山），也就是魏明帝曹叡的陵墓去祭拜，曹爽和他的几个弟弟以及一干朝臣都要陪同前往。对于这次活动，曹爽对司马懿全然没有防备，他怎么也想不到，离开洛阳会发生意外。然而，司马懿对曹爽的出城扫墓早有预料，并做了精心准备。

大将军曹爽一行人在这一天心情特别好，因为他们认为司马懿快死了，曹魏的政治从未像今天这样稳定，虽然是扫墓，但大家一定把它当成了一次春游，闷在城里一冬的人们终于可以出来透透气了。

"踏青"的人群渐行渐远，最后终于看不到了身影。突然，洛阳各个城门的将校接到了郭太后的命令，要求关闭洛阳城的各个城门。

与此同时，中护军司马师和叔叔司马孚一身戎装，带领手下兵丁和三千多名民间的敢死队员，出现在洛阳城内。司马师先屯驻司马门（皇宫外门），并以皇太后的命令打开皇家的武器库，把手下全副武装起来。然后，司马昭带人环卫两宫。紧接着，司马懿也从病榻上爬起，坐车从家里出来，带着人去武库，与司马师汇合。

一切都来得那么突然！

当司马懿的车子经过曹爽家的时候，由于人多路窄，司马懿的车子停下来了。外面的喧哗声让曹爽的妻子刘氏十分担心，她对曹爽的卫队长严世说："现在大将军在城外，城内却兵起了，怎么办？"严世说："没事。"他转身就登上楼去，看到了端坐在车上的司马懿。严世张弓搭箭就要射杀司马懿，但身边的另一位将领孙谦却说："事情还不知道结果如何呢？（干嘛如此莽撞）！"孙谦在严世的旁边多次拉着严世的胳膊，干扰他把箭射出。司马懿又逃过了一劫。至于孙谦，史书没有更多的记载。但他这样做有两个可能：第一，他可能是司马懿的亲信，本来被安插在曹爽府卧底，负责通风报信，暗中保护司马懿；第二，他是对形势有清醒观察的明白人，他看出曹爽腐败，大失人心，早晚会失败；司马懿势头正旺，必胜无疑，关键时刻，帮了司马懿。

司马懿来到皇宫前，看到司马师手下的队伍严整，不禁又平添了一

丝必胜的信心。

包围了皇宫的司马懿，等于先控制住了皇太后，他向皇太后上奏要求废除曹爽兄弟。其实，司马懿发动政变，不是要废皇帝，而是要剿除曹爽集团。为了不使人们发生误解，必须尽快宣布曹爽的罪行，以正视听。但是，司马懿怎样做才是名正言顺呢？司马懿决定请郭太后出面，经她点头，曹爽的罪行才能成立。郭太后是魏明帝曹叡的皇后，曹芳在曹叡之后为帝，郭太后对曹芳有一定的制约和监护作用，对处理朝廷大事也有一定的影响。司马懿对此早有准备，他派人起草了一个罢免曹爽的诏书，拿给郭太后看，请她批准。慑于司马懿的权势，郭太后当然不能不应允，于是公布曹爽罪行。诏书中有这样几句话：

大将军爽背弃顾命，败乱国典，内则僭拟，外专威权。群官要职，皆置所亲；宿卫旧人，并见斥黜。根据盘互，纵恣日甚。……爽有无君之心，兄弟不宜典兵宿卫。

这段话的大意是：大将军曹爽，背叛先帝遗诏，败乱国典，在朝廷内自比君主，在外则独揽大权，破坏军营，各种重要官职都安排了他的亲信，他目无君主，有篡夺君位之心。曹爽兄弟不能再典兵宿卫。

司马懿一方面以郭太后的名义召集朝臣宣布诏书，另一方面派人把诏书送到城外。

紧接着，郭太后下令："废除曹爽兄弟，命令司徒高柔，拿着节杖，占据曹爽的军营；让曹爽的死对头，现为司马懿心腹的太仆王观代理中领军，占据曹羲的中领军的大营。"有了皇太后的命令，一切都显得顺理成章。

尽管高柔是个公平正直的人，又有皇太后的诏书，但在这紧要关头，心细如发的司马懿还是不放心，毕竟高柔不全算是自己一党。于是，司马懿对高柔既是鼓励，又是称赞地说道："您今天将是汉朝的周勃了。"司马懿此时把高柔比作周勃，使高柔不禁心头一热，顿感自己目前所作的事情是多么的伟大，成功以后的褒赏也非同小可。而他恰恰忽略了问题的关键点：眼前的司马懿是陈平吗？

本来司马懿对桓范很看好，原打算以太后的命令任命他为中领军，去接管曹羲的军队。桓范，字元则，是一位政治斗争经验丰富的老臣，他支持曹爽，早就看出曹马对阵的形势，司马懿蓄势待发，不可轻视，曾劝曹爽不要随意出城，但曹爽不听。其实，在这个特殊的时刻，桓范也在犹豫，他儿子对他说："皇帝在城外，还是出城的好！"于是，身为大司农的桓范假借皇太后的命令说："太傅谋反！"骗过城门，投奔曹爽。听说桓范出了城门，司马懿说："曹爽的智囊逃了啊。"蒋济却说："曹爽和桓范其实内心比较疏远，曹爽的智力又赶不上桓范。曹爽就像是匹劣马，还会留恋客栈里那点常吃的豌豆，一定不会听他的。"（此处《晋书》与《三国志》等处的记载不同，说话的人物与内容对调）奔出城的还有曹爽的司马鲁芝、主簿杨综，他们听到政变，就率领亲信骑兵，强行打开了洛阳的津门（今洛阳南城西头第一门），出城而去。准备投奔曹爽的时候，鲁芝劝同是曹爽参军的辛敞一同出城。辛敞问自己的姐姐辛宪英，辛宪英说："司马懿此举，不过以诛曹爽罢了，不会颠覆社稷。"辛敞接着问："那司马懿能不能成功呢？"辛宪英说："肯定能成功，曹爽根本就不是司马懿的对手。"辛敞问："那我还是不出城吧？"辛宪英说："怎么能不出城呢？你是曹爽的下属，忠于职守是做人的本分。即使是路人有难，还要帮助呢，何况是自己的上

谋并天下

晋朝开国奇谋

属呢？不会有性命之忧的。"于是，辛敞就和大家一起出城了。事后的结果全部如辛宪英所料。

在城内安排妥当以后，司马懿本人拉着太尉蒋济，带领部队进驻城外的洛河桥，阻止曹爽回城。

司马懿在军中，上书曹芳，弹劾曹爽的罪行，说："我从前从辽东回军，先帝让陛下、秦王曹询和我同登御床，握着我的手臂托孤，当时，我说：'太祖曹操、高祖曹丕也曾经把后事托付给我，陛下都亲眼看到，请不要悲愁。万一有不如意的事，我以死完成旨意。'而今，曹爽违背先帝遗命，败坏国家制度，对内自比皇帝，对外专权；破坏部队序列，控制全部禁军；重要官职，全都委任亲信；宫中卫士，也全部换成他的私人，越来越无法无天。不但如此，曹爽又用黄门张当做都监，监视陛下，挑拨陛下母子感情，离间骨肉，天下动荡，人心恐惧。陛下等于是傀儡，岂能保持久安？这不是先帝的本意！我虽年老力衰，岂敢忘记从前誓言。太尉蒋济等一致认为：曹爽心中已无君王；曹家兄弟不能再统领禁卫部队，已经奏报皇太后批准，命我负责执行。我已下令：免除曹爽、曹羲、曹训的官职，剥夺他们的军权，各以侯爵身份，返回家宅。不准继续任职，胆敢阻挠御驾返宫，便交付军法处分。我已率军进驻洛水浮桥，监视他们下一步的行动。"

奏章送到曹爽手里，犹如晴天霹雳！曹爽的脑子一片混乱，不知如何是好，手里拿着司马懿的奏折，看了一遍又一遍，就是不敢转呈给曹魏帝曹芳。

曹爽本来出来没打算在郊外过夜，现在也只有委屈一下皇帝了，还是先在伊水之南露宿吧。

春寒料峭，夜里很冷，随行的军队砍伐树木，构筑"鹿角"阵地，同时，征调附近进行屯垦的武装部队数千人，担任临时警卫。

城外的人们都处于焦灼之中，曹爽更是这样。平时爱放大言的他，再也笑不出来了，一副愁眉苦脸的样子。

就在这个时候，大司农桓范找到了曹爽一伙，告诉他们洛阳城内发生的一切，并劝曹爽立即护送皇帝车驾去许昌，到许昌后召集各地兵马护驾，再以叛逆罪名讨伐司马懿。从当时情况看，桓范的建议是正确而切实可行的。为什么这样说呢？

首先，曹丕当皇帝以后，曾立下制度，太后不得干政，如有违背，天下共诛之。明明有规定，司马懿为什么还要请郭太后出面呢？可能司马懿觉得那个规定是二十多年前的事了，人们差不多都忘了，而且现在又是一个非常时期，特殊情况，拿郭太后做挡箭牌也是可以的。但是不管怎么样，朝廷还是有根据的。桓范头脑清楚，他拿出证据，说司马懿假借太后的名义发布诏书，名不正言不顺，并没有多大的号召力。

第二，当时小皇帝曹芳和曹爽在一起，曹爽可以利用小皇帝的名义发布诏令，宣布司马懿搞政变想篡夺曹魏大权，那可是名正言顺的。他如果真的发布这封诏书，让各地速来勤王救主，讨伐叛逆司马懿，这不就形成了司马懿和朝廷的对立吗？究竟鹿死谁手，就很难说了。

第三，许昌是当年曹操迎汉献帝的地方，在这里，曹操就是靠着献帝这张王牌，"挟天子以令诸侯"，获得了政治主动权。曹爽若有政治魄力，也在许昌这个曹家的福地以皇帝名义发布檄文，讨伐司马懿大逆不道、篡位夺权，那司马懿发动政变的性质就变了。

然而，桓范这个颇有眼光的主意，曹爽既不理解，也听不进去，他想

谋并天下

晋朝开国奇谋

到的只是活命，别的一概不管。他和几个兄弟听完桓范的话，你看我，我看你，面面相觑，犹豫不决。桓范见状，非常焦急，不禁大声喊道：

当今日，卿门户求贫贱复可得乎？且匹夫持质一人，尚欲望活，今卿与天子相随，令于天下，谁敢不应者？（《三国志·魏书·曹爽传》）

这句话的意思是说：现在你们曹家危急万分，只有死路一条，想要苟且偷生都不可能了！一个普通的人在危急时刻都要挟持人质以求生，你们与皇帝在一起，通过皇帝下令天下，谁敢不响应？

桓范的话有理有据，谁知曹家兄弟都被吓破了胆，低着头一言不发。桓范觉得曹羲在曹氏兄弟中还算是个明白人，当年曾批评曹爽搞腐败，就对曹羲说："事昭然，卿用读书何为邪？于今日卿等门户倒矣！"——现在，事情真相大白了，你们读书究竟为了什么？你们家的门户算是倒台了！桓范这样说是想刺激曹羲，让他振作起精神来。

桓范还表示，你们若是起兵，缺少粮草，交我负责，我是主管粮草供应的大司农，"大司农印章在我身"！面对有胆识、有魄力、又有承担精神的桓范，曹氏兄弟还是一言不发。曹爽兄弟又愚又蠢，真是三锥子也扎不出一滴血来！曹爽、曹羲两兄弟就是不说话。面对像木头疙瘩一样的曹氏兄弟，桓范也无计可施。

桓范嘴皮子都磨破了："你曹羲中领军的其他军营都在郊区，洛阳的屯田士兵也在城外，你都能把他们召来，今天去许昌，许昌也有武器库，足以能够把士兵们武装起来。所担忧的是军粮，但是，我提前都已经想到了，我身上带着大司农的印章！"

但是，曹爽还是下不了决心。

正当曹爽一伙在洛阳城外失魂落魄、六神无主之时，在洛阳城内已控制局面的司马懿，就像是曹爽肚子里的蛔虫，准确把握着曹爽的心理变化，他一刻也没闲着，已经开始盘算下一步怎样收拾曹爽一伙了。

当时，司马懿很清楚，小皇帝曹芳在曹爽身边，对他是个很不利的因素。曹芳虽然是个傀儡，但他是曹爽的挡箭牌，很有可能被曹爽利用，一旦曹爽让曹芳向各地发布讨伐诏书，那自己就成了叛逆，纵然有一千张嘴也说不清了。可惜，曹爽胆子太小，他只想活命，想不出别的高招，桓范虽然给他指了道，无奈他智商不够，毫不理解。曹爽的痴呆、愚蠢，使司马懿获得了宝贵的时间，他赶忙下令，让曹爽和曹芳进城，只要他们进城，皇帝平安回宫，天下就不会哗然，日后收拾曹爽就不在话下了。

主意拿定，赶快行事。司马懿派侍中许允、尚书陈泰出城来到曹爽处，劝说曹爽放弃兵权，言辞非常恳切地说：你们一定先回洛阳，有什么事回洛阳再说。并再三转达司马懿的意思，保证不伤害曹家兄弟。同时，又让老臣蒋济给曹爽写了一封信，转达司马懿的意思，并以老臣的名誉、信誉担保——你们回洛阳吧，保证你们的安全。为了让事情办得稳妥，第二天，司马懿再派留在京城的曹爽亲信、殿中校尉尹大目去曹爽处劝说。"尹大目谓爽，唯免官而已，以洛水为誓。"

司马懿为什么一而再、再而三地派人劝曹爽回洛阳呢？主要是因为搞掉曹爽是司马懿政变的主要目的，而曹爽不回洛阳，司马懿的计划就很难实现，对此司马懿很清楚，在这个问题上不能有任何闪失。可巧曹爽兄弟是一伙贪生怕死的利禄之徒，他们只想自己能否活命，当听到这么多人都说司马懿不杀他们，就动了心，准备放弃抵抗，回到洛阳。

这可急坏了冒着生命危险出城的桓范，他见曹爽既怕死又愚昧，又想到自己已被卷入这场政治斗争的漩涡，将来肯定是凶多吉少，又气又急又怕，拉住曹爽，苦口婆心，"援引古今，谏说万端"，反复告诫曹爽向司马懿低头绝无好下场。固执的桓范苦言相劝，绞尽了脑汁，磨破了嘴唇，曹爽还是听不进去。

就这样，时间一分一秒的流逝，曹爽依然拿不定主意。就连皇帝曹芳都替他着急，撂下一句话："您还是赶快想出个解决办法，总不能老这样拖着吧，什么办法都成，我听你的！"

一直拖到后半夜，曹爽终于下定了决心，他抽出了佩刀。但是，他不是振臂一呼，而是把刀又重重地扔到了地上，垂头丧气地说："我回去，大不了就是做个有钱的老头而已！"

桓范听了这话，哭着说着："曹真啊曹真，你是一个多么完美的人！可是，你竟然生出这样的两个儿子，真是一对蠢猪蠢狗！没曾想，我桓范全家，今天竟然因为你们这样猪狗不如的东西，而被诛杀啊！"就在曹爽要交出大将军大印的时候，曹爽的主薄也说："你身边有皇帝，有兵权，现在你却把这东西交出去，是要到东市被问斩啊！"

1500年前晋朝修的长城

一心想当富家翁的曹爽，相信司马懿对他们会"缴枪不杀"的。于是，曹爽派遣许允、陈泰给司马懿回话，承认错误，并把司马懿给皇帝的奏折上报给皇帝曹芳，曹爽请求皇帝曹芳把自己兄弟免去官职，然后，护卫着皇帝曹芳回到洛阳。然后，一行人垂头丧气地护送着小皇帝来到洛水边，渡过浮桥，司马懿早已在此等候。曹爽下了车，向司马懿磕头乞降，司马懿心中暗喜："你小子终于上套了！"假惺惺地好言劝慰了几句，就让他们兄弟回府了。

就这样，司马懿不费一兵一卒，轻松把曹爽拿下了。

那么，司马懿将怎样对待囊中之物曹爽呢？他并不急于动手，而是像猫耍耗子一样，先折腾一下曹爽一伙，再慢慢收拾他们。

首先，他履行诺言，让曹爽归家闲居，并有衣食保证。不过司马懿并没有放松对曹爽的看管，派兵将曹爽的府第团团围住，又在曹爽府宅四角修造高楼，派人在楼上密切监视曹爽的一举一动。一次，曹爽刚拿着弹弓想到后花园游玩，楼上监视他的士兵对他大喊："故大将军东南行！"曹爽被喊蒙了，一脸茫然，东南在哪儿？其实这是限制他的行动，昔日不可一世的曹爽，一举一动都受到严格限制，这使他很郁闷，不知所措。

不过，这时的曹爽仍存在侥幸心理——我是皇家宗室，你司马懿再怎么着也不敢杀我吧！于是想试探一下司马懿，给司马懿写信，说家中的食品没有了，给送些来吧！司马懿见信，更加鄙视曹爽，心想，你们死到临头，还想活个自在！于是"令致米一百斛，并肉脯、盐豉、大豆"。食品送来了，曹氏兄弟还不知道大难就在眼前，非常高兴——有吃有喝，肯定死不了啦！于是，又开始了吃饱喝足的软禁生活。

在高平陵政变中，让小皇帝曹芳平安回宫、曹爽回城，是关键的一步。假如在这时出现任何闪失，后果将不堪设想，司马懿很可能成为千古罪人。而这时的曹爽，还在妄想着可以吃饱喝足地安度余生呢！当然，以他这样的智商，是看不出司马懿已经由曹魏政权的老黄牛变回了虎狼本相。

诛杀曹爽，大权独揽

曹爽兄弟被司马懿软禁以后，形势已经很明朗：司马懿已经掌控全局，胜券在握。曹爽贪生怕死，一点政治的警觉都没有，自投罗网，愚蠢至极！

但司马懿清楚地认识到，他和曹爽的矛盾是不可调和的政治矛盾，不能因为曹爽服软，就以为万事大吉，政治斗争就要来真格的。司马懿在给了曹爽兄弟及其同伙最后几天自由后，终于举起了屠刀。

司马懿的摇尾系统奏称："黄门张当私自挑选宫中美女，献给曹爽，可能有阴谋。"朝廷立即逮捕了张当，交付廷尉审讯。司马懿让与何晏有不共戴天之仇、对曹爽恨之入骨的卢毓当司隶校尉，主持审理，卢毓深知仅凭"挑选宫中美女"的罪是杀不了曹爽的，于是，很快的，张当就供认了曹爽阴谋谋反的大罪！

张当在口供中承认："曹爽跟何晏、邓飏、丁谧、毕轨、李胜等，

准备在三月中旬发动政变。"在此之前，大司农桓范也因其出城门时候，说的那句"太傅谋反"，根据"诬人谋反应反坐所诬之罪"的规定，也被送入了监狱。

由于谋反是诛灭三族大罪，需要朝廷重臣召开"廷议"，集体讨论通过，才符合法律。于是，司马懿召开会议，最后作出如下判决："春秋之义，'君亲无将，将而必诛。'爽以支属，世蒙殊宠，受先帝握手遗诏，托以天下，而包藏祸心，蔑弃顾命，乃与晏、飏、当等图谋神器，范党同罪人，皆为大逆不道，按律诛灭三族。"于是，逮捕曹爽、曹羲、曹训、何晏、邓飏、丁谧、毕轨、李胜、桓范。

朝臣上书皇帝，弹劾他们"大逆不道"，跟张当同时斩首，并屠杀三族。

这时，蒋济因为曾经信誓旦旦地保证过曹爽无事，就对司马懿说了一句："曹真的大功劳也不能忘记啊，怎能叫曹真死后没有人扫墓呢？"但是，司马懿以"国法不可废"为由，断然予以拒绝。

司马懿在诛杀曹爽集团的时候，也没忘了玩弄小花样。他明明知道何晏是曹爽集团的核心人物，但是他却故意让何晏参与审理曹爽的案件，何晏自以为司马懿不知内情，于是特别积极，他也想借此机会洗清自己，求得活命。他最了解曹爽一伙的情况，办案特别认真卖力，曹爽的亲信党羽，一个都没跑掉。等案子审理得差不多了，他向司马懿汇报，说："该抓的都抓了。"应该抓的有八族，何晏只讲了丁谧、邓飏等七姓，于是司马懿说："未也。"何晏一听，心里发虚，不由自主地脱口而出："岂谓晏乎？"司马懿平静地说："是也。"何晏两腿发软，几乎瘫倒在地。于是，费力不讨好的何晏终于也被杀掉。

其实，何晏也算是个悲剧性的人物，他的身份决定了他必然属于曹爽一党。但是他又深知曹爽根本不是司马懿的对手，自己的失败是早晚的事，因此时常生活在恐惧之中。他有一首诗就表露了这种心情："鸿鹄比翼游，群飞戏太清。常恐天网罗，忧祸一旦并。"（何晏《言志》）

当然，在司马懿看来，曹爽一党个个都有被杀的理由：丁谧、邓飏作威作福，任人唯亲，声名狼藉，把太后迁到永宁宫就是丁谧的主意；毕轨要曹爽排斥司马懿，从而曹爽与司马懿产生嫌隙；李胜，最先提出要曹爽伐蜀，司马懿的二儿子司马昭也被任命为征蜀将军，明明是做曹爽的人质。因此，司马懿对于曹爽及其亲信一族，可以说是必欲除之而后快，斩尽杀绝，连嫁出去的姑娘也要追回来被诛杀。

但是有一个例外，那就是感天动地的夏侯令女。

曹爽堂弟曹文叔的妻子夏侯令女，早就守寡，膝下又没有子女。老爹夏侯文宁想让她再嫁，夏侯令女用刀割掉自己两只耳朵，表明拒绝的决心。平常，夏侯令女依靠曹爽生活，曹爽死后，她家人上书声称，要跟曹爽家断绝姻亲关系，强行将其接回娘家，要她再嫁。夏侯令女暗中进入寝室，以被子蒙着头，用刀割下自己的鼻子，血染被褥；家人惊骇怜惜，对她说："人生在世像一粒轻尘落到微弱的小草上，何必自己这么苛待自己？而且，你丈夫家已经被全部屠灭，一个人都没有留下，你又为谁守节？"夏侯令女说："有爱的人，不因对方的盛衰而改变态度；有义的人，不因对方的存亡而改变心意。曹家鼎盛时，我还要守节，今天衰亡，我怎忍心抛弃？这种禽兽行径，我不能做。"司马懿听说了这件事情，顿起敬意，就任凭她领养孩子，作曹家的后代。

而对于曹爽的下级官吏，一般是要被免官的。但是，对于比较有名气的，司马懿则采取了拉拢的策略，以树立自己崇尚礼教的形象。比如，对于鲁芝和杨综，司马懿就说："人各为其主，赦免他们。"不久，任命鲁芝当御史中丞，杨综当尚书郎。对于曹爽一派的其他人则剥夺实权，比如，名气很大、但这次又没有办法牵连上的夏侯玄，则把他从西北军区司令的位置上拿下来，安排到朝中做个闲差事——大鸿胪。对于有可能同情曹爽的地方实力派，司马懿则采用了拉拢的策略，比如，对于王凌，则升为太尉。

诛杀曹爽以后，司马懿把重视名教提高到巩固执政基础的地位，一些否定儒家思想的言论被封杀，一些正始时代的名士被禁锢。刘晔的儿子选部郎刘陶，被邓飏称赞可比伊尹、姜子牙。刘陶曾经对傅玄说："孔丘算不上是什么圣人！智慧之士，面对一群愚劣，就跟手掌里玩一团泥一样，能把大家玩得团团转。孔丘竟不能控制天下，圣什么圣！"傅玄不回答，只说："天下之事，变化无常，今天这番议论，充分显示出你并没有给自己留余地！"高平陵之变以后，刘陶被夺官——和他父亲一样，就是多话。

事变以后，管辂的舅父问管辂说："你怎么看出何晏、邓飏的结局？"管辂说："邓飏走路的姿势，肌肉松懈，包不住骨骼；不管起立、落座，或斜靠卧榻，都像一摊软泥，仿佛没有手脚，相书上称之为'鬼躁'。何晏看人的时候，不敢正眼直视，眼睛乱动，魂不守舍，面无血色，浮着一层霉气，好像一棵枯树，相书上称之为'鬼幽'，二者都不是有福的面貌。"

至此，司马懿杀了八天的人，觉得该杀的都杀了，终于将与之作对十年之久的政敌全部扫除，这真应了那句话："君子报仇，十年不晚。"

司马懿为了避免人人自危，便开始大赦天下，安定人心。

高平陵政变以司马懿大获全胜告终，从此，曹魏的军政大权完全落入司马懿的手中，为后来司马氏取代曹魏奠定了基础。但是反司马的力量依然很强，司马懿和他的儿子们为掌控大权，与反对派进行了一波又一波的残酷争斗。但不管怎样说，曹魏历史已经进入了司马氏时代。

第三章 伺机而变，大权独揽

第四章
父子专权，威慑天下

　　从高平陵政变到西晋建立前后十六年，司马懿父子三人相继掌控曹魏大权，威慑天下。司马懿执政两年，司马师执政四年，剩下的十年都是司马昭执政。父子三人如同接力赛式的，前仆后继地传递着执掌曹魏大权的"接力棒"。然而，这一切，都是为后来司马炎建立西晋所做的准备、奠定的基础。

父子专权，低调装病

正始十年（公元249年）正月，司马懿通过高平陵政变，清除了曹爽势力，控制了曹魏大权。正始十年也被改为嘉平元年。改年号，意味着与民更始，和过去划清界限。但是，曹魏一派及其支持者对司马氏也进行了激烈的反抗，政治斗争异常激烈，真是血雨腥风、惊心动魄！

在高平陵政变后，司马懿仍以太傅的身份辅佐曹芳，曹芳这时已经快二十岁了。经历了政变全过程的曹芳，已领教了司马懿的厉害，他对司马懿又恨又怕。曹芳恨的是，司马懿在发动政变的时候，出手坚决、毫不留情，政变中被杀的有三千多人，许多无辜之人被株连，曹芳对司马懿真是恨之入骨。曹芳怕的是，按照司马懿的能量，如果把他废除，那也是易如反掌的事。所以，他首先得想办法搞好和司马懿的关系，保证自己的安全。于是，就在这年二月，皇帝曹芳任命司马懿为丞相，增繁昌、鄢陵、新汲、父城为其封邑，前后其计八县，食邑两万户，特许奏事不名。司马懿固辞丞相之职不受。十二月，诏命加九锡之礼，朝会不拜，司马懿又固辞九锡。嘉平二年（公元250年）春，魏帝命司马懿在洛阳立庙，并可以任命左右长史，掾属员额达十人，每年可以向朝廷推荐两名掾属做御史和秀才，并封两个儿子司马肜、司马伦为侯。

什么是"九锡之礼"呢？锡，在古代通"赐"字，赏赐的意思。"加九锡之礼"，这是皇帝对大臣最高规格的赏赐，包括九件器物，如车马、衣服、乐则（指定音、校音器具）、朱户（红漆大门）、斧钺、弓矢等。能得到皇帝赏赐的这九种器物，就表明大臣的权势最大，已接近皇帝了。历史上一些政治野心家，在夺权篡位之前，往往都接受过九锡之礼，如王莽、曹操等。司马懿面对曹芳的笼络、抬举，他对丞相之职"固让"，就是坚决不接受；对九锡，他也没有接受。

司马懿的低调，不等于他没有政治野心，他这样做是一种政治谋略。他知道，发动政变诛杀曹爽，已使人们对他高度关注了。人们都认为司马懿下一步就要当皇帝了！敏感的司马懿意识到树大招风，容易成为众矢之的，而真正取代曹魏的时机还不成熟，不能过早地暴露自己。再说，他发动高平陵政变时，已经是七十一岁的老人了，从个人志向看，他可能也想当皇帝，过过做皇帝的瘾，但岁数毕竟太大了，要做就让儿孙们去做吧，给他们打好基础就行了。出于这种想法，他推辞了丞相之职，拒绝了九锡之礼。

当然了，司马懿对大事是绝对不含糊的，对权力还是紧抓不放的。事变没多久，为显示他的特殊地位，他以身体不好为名，又开始装"病"了，目的是借故不上朝，待在家里安全。朝廷上的事情，自有自己的摇尾系统负责处理。史书记载，每遇大事，天子亲自到他府中去征询意见，这一点，被自己的两个儿子继承，自此，晋王府成了决定天下大事的场所。曹芳也知道，司马懿不上朝，不等于朝廷大事他就不管了，所以他很知趣，每遇到了重大的决策，他都主动地到司马懿家里跟他商量，取得司马懿的同意。这表明，司马懿很有心计，是搞政治的高手。

　　从这里不难发现，以高平陵事变为界限，在此之前，司马懿对于朝廷的封赏，一般是避实就虚，以免树大招风，引起猜忌；在此以后，就开始避虚就实，什么丞相、相国等，一概不要，而实实在在的封地、对儿子们的封侯，他则照单全收，为的是进一步巩固自己的实力。

　　高平陵之变后四个月不到，太尉蒋济就去世了。此人总是把人给出卖了，然后还装作无辜的样子，去自我谴责。过去，司马懿曾经问蒋济："王凌怎么样？"蒋济回答说："王凌是能文能武，儿子王广又胜过王凌。"回头又后悔说："我说的这话是能灭人全家的啊！"可见，他是深知司马懿为人的。现在，据说，此人也是因为愧对曹爽而死。

　　改元后的朝堂上也的确出现了大的变化。过去曹爽的门生故吏一概被免职，司马懿的亲信把持了朝廷的各个要职。以西北军区为例，征西将军、都督雍京诸军事的夏侯玄被调到中央，提拔司马懿的亲信雍州刺史郭淮为征西将军，都督雍凉诸军事，提拔司马懿的亲信陈群之子陈泰为雍州刺史（陈泰和许允一起劝说曹爽放弃努力，所以司马懿一直把两个人看作是有功之臣）；讨蜀护军夏侯霸逃奔蜀国以后，司马懿任命徐质为讨蜀护军，任命邓艾为南安太守。

　　除了人事安排以外，司马懿还广泛地向大臣征求治国的意见，比如，王昶就上书陈述应该改革的五件事：第一，崇道笃学，抑绝浮华，让学子们进入太学学习；第二，用考试来选拔人才，把考试作为准绳，改变过去仅仅凭借感觉

北魏盘坐俑

来判断一个人的优劣；第三，要让当官的在一个地方时间相对长一点，有政绩就增位赐爵；第四，要禁止官员经商，与百姓争利；第五，杜绝侈靡，崇尚节俭，上下尊卑要有差别，储谷畜帛，民风归于朴实，等等。

夏侯玄也积极上书进言说：第一，选官用人，要收归政府，至于对人的道德评价，则由乡间评价；第二，去除冗官，把郡州县三级改为郡县两级；第三，改变服制，归于朴素等。

下面来看一下被司马懿所杀的那些人们是否真的一无是处。

何晏，是魏晋玄学的开山鼻祖，他第一次敢于撕破儒教神秘的面纱，打破压抑人性的种种约束。他把道家和儒家融合起来，强调一切出于自然本色，不拘泥于形式，不束缚自己的灵魂，和谐地对待自然环境和社会环境。何晏在《道论》上说："有之为有，恃'无'以生；事而为事，由'无'以成。"什么是"道"？道可道，非常道。在何晏看来，道就是一个字——"无"。天地万物是"有所有"，而"道"则是"无所有"，无语、无名、无形、无声是"道之全"。

实际上，何晏并不是像王衍一样空谈误国的人，当政时并非无所作为。作为一代大师，魏明帝死后的谥号也是由何晏主持选定的。正始后期，何晏也曾经苦口婆心的劝谏曹芳不要太贪玩了。聪明的他也感到了莫名的恐惧，但是就像已经站在了高峰之巅，再无下山的道路了。魏明帝所罢斥的浮华之徒，何晏并不在其中。何晏的被杀，也是因为身份与曹魏皇族太近，更是因为自己的名气太大。不杀他不足以使天下的名士们为司马懿家服务——以后的实践证明，司马家每杀一个名士，就会有无数担心被杀的名士出山为司马家服务！

正始名士给人们留下的印象就是：浮华、无所作为、空言、贪财，等等。对于这些名士评价最多的莫过于傅嘏了，然而放开傅嘏充满恶意的评价，历史还是能给我们些许的真实。比如，那个司马懿忘不了的夏侯玄，不仅容貌俊美，而且温文尔雅，名气很大，以"雅量"闻名于世。《世说新语》记载，他靠着柱子写字，柱子被雷劈，他的衣服都烧焦了，但夏侯玄依然神色不变，仍旧写字。

夏侯玄是正直的，这一点司马懿不会不知道。在夏侯玄做中护军的时候，"拔用武官，参戟牙门，无非俊杰，多牧州典郡。立法垂教，于今皆为后式"（《世说新语》）。中护军是个肥差，是军中的组织人事部门，与夏侯玄形成明显反差的是那个蒋济。蒋济做中护军时，就有谣言"欲求牙门，当得千匹；百人督，五百匹"。司马懿和蒋济有私交，问蒋济是否属实，蒋济哑口无言，只好开玩笑说："咱到集市上买东西，少一文钱也是不行的呀！"（《魏略》）

然而，司马懿并不看重这些，于是，司马懿才把夏侯玄从掌握曹魏西线军政大权的征西将军（二品）调入朝中任大鸿胪（三品，九卿之一），这当然是司马懿的激将之法，不仅夺你军权，而且把你降级使用，目的只有一个，那就是逼着你反！如果你能逃亡蜀国，那更好，即便有千般理由，一个叛国者在自己的国家也是遗臭万年的，而且你走了，我乐得清净。

可是，夏侯玄却坦荡地选择了面对。他放下了军权，不顾堂叔夏侯霸投降蜀国的劝说，对夏侯霸说："我怎么能为了苟活在这世上，投降敌人呢？"毅然回到了洛阳——他没有背叛，也没有反抗，也许在他走回洛阳的时候，也曾把希望寄托在司马懿的仁慈上，两家毕竟是结过亲的啊！相反的，他的堂叔讨蜀护军夏侯霸本来就与郭淮关系不好，如

谋并天下

晋朝开国奇谋

今司马懿得势，郭淮也因之做了自己的上司，夏侯霸只好选择了逃亡蜀国，好在夏侯霸的堂妹是张飞的妻子，外甥女张氏是如今蜀主刘禅的皇后，去到蜀国也不是没有人照应。

就这样，夏侯玄像一名殉道者一样回到了洛阳，尽管他知道回去的路很难走，但是他还有一丝的希望，仍希冀着曹魏还能够江山永固。

铲除异己，仲达病死

司马懿在他生命中的最后的三年发生的事情，大约可以归结为六个字：一守，二攻，三擒。

一守。

嘉平元年（公元249年）的秋天，蜀汉卫将军姜维发起了对曹魏雍州的进攻。

姜维，字伯约，天水冀城（今甘肃甘谷县境）人。其父姜同为天水郡功曹，死于羌人之乱，姜维因此赐官中郎，蜀汉建兴六年（公元228年）诸葛亮第一次北伐，兵出祁山。当时，姜维随本郡太守马遵一起陪同雍州刺史郭淮，巡视本郡洛口，郭淮闻讯后，即行回到上邽（今甘肃天水市）。此时，南安、天水、安定三郡民心骚动，纷纷响应诸葛亮。因此，马遵也怀疑姜维等本郡人士怀有二心，弃姜维而去，而姜维身为魏国官吏，回到冀城，背叛魏国的冀城人又不开城让其进城，无奈，姜

维只好前往投降诸葛亮。诸葛亮对他十分赏识，任命其为仓曹掾，加奉义将军，封当阳亭侯，当时，姜维才二十七岁。孙盛《杂记》称，姜维母亲让其回到魏国，姜维回信说："良田百顷，不在一亩；但有远志，不在当归。"诸葛亮死后，他被任命为右监军、辅汉将军，统领各军，成为蜀汉军事上的第二号人物。他一直认为自己熟悉陇西羌胡的习性，可以诱使西方的羌胡作为自己的羽翼。这样，关中以西的陇西就可以掌握在手，然后再瞄准机会东下关中。

如今，蒋琬已经于蜀汉延熙九年、曹魏正始六年（公元245年）去世，作为第一号人物的费祎却说："你我比诸葛亮丞相的才能差远了，诸葛丞相还不能统一华夏，何况你我？还不如休养生息，保境安民，如果将来有更有才能的人，我们就把这殷实的家业交给他，不是很好吗？不必孤注一掷，把朝廷的生死存亡寄托于一战上！"

每次出兵，费祎也就给姜维万把人马，根本没有用。

这次也是如此。

姜维绕过北面的祁山要塞，向西进行了更大的迂回，来到了陇上的麴山（今甘肃岷县东百里）筑了两城。关中虽云为"四塞之地"，但是其西北方向的陇山以及陇山以西的陇西高地，对其有俯瞰之势。如果占领了陇西，关中危急。因此，诸葛亮出祁山也好，姜维多次北伐也好，目的也都是控制陇西高地，进而威胁关中。筑城以后，姜维派牙门将句安、李歆等人驻守，然后联合羌胡人进攻曹魏附近各郡。魏军命令征西将军郭淮与雍州刺史陈泰统兵抵御。郭淮采取"围城打援"的策略，命陈泰率领讨蜀护军徐质、南安太守邓艾进围麴城（今甘肃岷县东南），切断交通及水源，麴城蜀军困窘不堪。姜维被迫领兵救援，进至牛头山

（今甘肃岷县东南，洮河南岸），为陈泰军阻挡，陈泰另让郭淮绕到姜维背后，企图切断姜维的归路。姜维闻讯，便迅速率军撤回。而句安、李歆等人因孤立无援，最终投降了魏国。郭淮又打算西击叛降蜀国的羌人各部，邓艾说："姜维还没走远，还是分点兵留守吧。"于是，郭淮就留下邓艾屯白水（今甘肃白龙江）北岸，以防蜀军反攻。果然，姜维并没走远，三天以后姜维返身杀回，他令廖化驻军白水南岸牵制邓艾，自己率重兵奔袭洮城（今甘肃临潭西南）。邓艾对部下说："敌人人多势众，却不强渡白水，那是要东袭洮城。"于是，当夜抢占洮城，姜维只得撤军退走。

这次，魏蜀交兵，只能算作是小打小闹，姜维并没有捞到多少便宜。

二攻。

孙权太子孙登于吴赤乌四年（公元241）去世。第二年，孙权立王夫人所生的儿子孙和为太子。孙和当上太子以后，地位并不稳固，开始主要来自同母弟弟孙霸的挑战，孙霸四处诋毁孙和，但陆逊等朝中重臣还是倾向于太子一边，后来，孙权对孙霸的所作所为有所察觉，也开始厌恶起孙霸。

孙权宠爱的步夫人为孙权生了两个女儿，大的叫孙鲁班，号称孙大虎；小的叫孙鲁育，号称孙小虎。周瑜死后，孙权把孙鲁班嫁给了周瑜的儿子周循，可是好景不长，风度翩翩的周循很快死去。到公元229年，孙权又将她嫁给了卫将军兼左护军兼徐州牧全琮。因为嫁给了全琮，孙鲁班在史书上又有了一个"全公主"的名字。全公主不愿看到王夫人的儿子孙和当上将来的皇帝，就经常到父亲孙权面前说王夫人和太子孙和的坏话。

孙权在爱女的谗言下，首先疏远了王夫人。王夫人被疏远以后，立即就有人填补被宠爱的空——生了孙亮的潘夫人。

看到日渐受到宠爱的潘夫人和同样受到孙权宠爱的少子孙亮，全公主立马让自己婆家哥哥全尚的女儿嫁给孙亮。同时，全公主在第二任丈夫全琮死后，又和孙权的亲信侍中孙峻勾搭成奸，利用孙峻来影响孙权。

经过全公主的不懈努力，晚年昏庸无道、溺于杀伐的孙权终于在魏嘉平二年（公元250年）的秋天，废掉太子孙和，赐死孙霸，立孙亮为太子，并杀掉所有敢于劝谏的大臣，包括孙小虎的丈夫朱据。

吴国境内顿时杀气腾腾。

这时候，魏国征南将军王昶上言："孙权流放良臣，嫡庶分争，可乘衅击吴。"朝廷听从了，于是，派遣新城（今湖北省房县）太守州泰袭巫县和秭归，荆州（治所今河南新野）刺史王基向夷陵（今湖北宜昌东南），王昶向江陵（今湖北荆州市）。东吴曾决开沮水、漳水河堤，引水淹没江陵北方广大土地，以阻挠曹魏的攻击，王昶用竹子编成绳索做成桥梁，越过水淹地区。吴国大将施绩，连夜逃回江陵固守。王昶打算把东吴军引到平地上交战，先命五支部队顺着大路，向北撤退，又把缴获的铠甲、马匹，在江陵四周展览，以激起东吴军的愤怒。施绩果然追击，王昶迎战，大破东吴军，阵斩东吴将领钟离茂和许旻。

魏国以前很少主动进攻吴国，这一次也是魏国不怕两面作战、实力增强的一个标志。

这一次，吴国失败了，而且促使晚年的孙权只求自保，他不仅命令西北军区的江陵等地挖河水淹平地，以阻挡魏军，而且还征集了十万人的工兵，在堂邑（今江苏省六合县）破坏涂水（滁河）堤防，淹没北方

通往江南（长江以南）所有道路。

而就是孙权的这个决定，又引发出了司马懿临终前做的第三件事情——三擒。

曹魏太尉、驻东南军区司令王凌，在得到东吴帝国利用涂水（滁河）淹没南下通道消息后，就请求中央下发出兵的虎符，允许发兵攻击吴国，但是皇帝（事实上是司马懿）却下诏不准。前此，司马懿曾允许王昶发兵进攻吴国，同意王昶发兵的理由到现在并没有消失，王凌向来与司马懿的哥哥司马朗以及死去的贾充之父贾逵关系很好，司马懿对其也如同兄长一样，但是这次司马懿又为什么不同意王凌发兵呢？

那是因为，司马懿得到了一个消息。

高平陵之变以后，小皇帝事事要到司马懿家里请教，这让王凌强烈地意识到曹魏已经快要成为司马氏的天下了。

在王凌看来，司马懿之心也是路人皆知的，要保住曹魏的天下，就必须除掉司马懿，拥立年长的新君。于是，王凌把目光转到了在自己外甥兖州刺史令狐愚治下的楚王曹彪身上。

曹彪，字朱虎。建安二十一年（公元216年），封为寿春侯。黄初二年（公元221年），徙封汝阳公。三年，封弋阳王。同年徙封吴王。五年，改封寿春县。七年，徙封白马。太和五年冬，朝京都。六年，改封楚。曹彪几乎每年都要改封，在曹丕时代，他几乎都是奔走在路上！

曹植曾写过一首诗——《赠白马王彪·其六》——

心悲动我神，弃置莫复陈。丈夫志四海，万里犹比邻。

恩爱苟不亏，在远分日亲。何必同衾帱，然后展殷勤。

忧思成疾瘵，无乃儿女仁。仓卒骨肉情，能不怀苦辛？

而如今的曹彪已经五十七岁了，完全符合王凌的条件。

王凌跟令狐愚秘密讨论，认为曹魏帝曹芳暗弱，而又受到司马懿的控制，而楚王曹彪则智勇双全，打算在许昌拥戴他当皇帝。

王凌谋划得当后，就开始行动。第一步，他先派兖州刺史，也是他的外甥令狐愚去做曹彪的工作。这事好办，皇帝的宝座谁都想坐，一说就行。不过曹彪也知道，这事弄好了可以黄袍加身，弄不好就是人头落地，他反复琢磨，并不十分自信，什么话也没说，默许而已。

第二步，又派亲信到洛阳，与儿子王广商量起兵的大事。没想到，王广与王凌意见不一致，不支持其父废皇帝的计划，还告诉父亲，曹爽那一帮子人之所以失败，是因为"失民故也"——失去民心，而司马懿"父子兄弟，并握兵要，未易亡也"。还说："废立大事，勿为祸先。"应该说，王广的分析是有道理的。司马懿在朝廷经营多年，树大根深，很难撼动。但王凌不听，甩开儿子王广，继续从事废曹芳、立新皇帝、进而清除司马懿的准备。

但这时，却发生了一件意外事件：王凌的外甥——兖州州长令狐愚突然患病死去，使王凌失去了一个重要帮手。第二年，王凌看到北斗七星里出现了一颗星星，就说："这预示着应出现突然富贵的人。"另外，《魏略》记载：王凌知道东平一个农民浩详懂得星象，浩详知道王凌有别的想法，就迎合王凌，不说吴国即将有国王死去，而是说淮南和吴国都属于一个地区，淮南应当出现皇帝。

令狐愚当兖州州长时，延聘山阳郡（今山东省金乡县西北昌邑镇）

谋并天下

晋朝开国奇谋

人单固当州别驾，他与治中杨康同为令狐愚的心腹。令狐愚逝世后，杨康接受了司徒高柔的延聘。杨康到洛阳后，就把令狐愚和王凌的密谋告诉了高柔，高柔报告给了司马懿。

司马懿知道以后，不动声色，暗中加强了防备，并任命了新的兖州刺史黄华。而王凌也头脑简单，派将军杨弘把他的兵变计划，告诉了黄华。于是，黄华、杨弘联名向司马懿告密。

司马懿反应迅速，一面亲率大军乘船舰南下讨伐，一面用皇帝名义，下诏赦免王凌一时的错误。同时，司马懿又给王凌写信，言辞十分恳切，来麻痹王凌，免得王凌狗急跳墙，强行起兵。很快，司马懿的大军已到百尺（今河南省沈丘县颍水北岸）。王凌自知无法抗拒，就独自一人乘坐一条小船，西上亲迎，并派秘书王彧晋见司马懿请罪，交还所有印信、符节。司马懿大军抵达丘头（今河南省沈丘县东南），王凌在小船上将自己捆绑起来。司马懿代表皇帝下诏，派主簿替王凌解开绳索。

王凌认为皇帝已有赦令，而自己跟司马懿又是老友，感到已无性命之忧，就打算晋见司马懿，却被司马懿拒绝。王凌这时才发现不对，向司马懿呼喊："你写几个字叫我来，我敢不来？为什么还带军队？"司马懿说："正因为你不是写几个字就能叫来的人。"王凌说："你欺骗我！"司马懿说："我宁可欺骗你，不能欺骗朝廷。"于是，派步骑兵六百人，押送王凌前往洛阳。王凌为了试探司马懿的真实想法，请求发给自己几个钉棺材的铁钉，司马懿同意了，王凌这才绝望。干宝《晋纪》说："王凌走到项县，看见岸上有贾逵庙，王凌大喊说：'贾梁道，我王凌此心忠于朝廷，只有你的神灵知道。'"

五月十日，王凌走到项县（河南省沈丘县），为免受死前的折磨，服毒自杀，年龄八十岁。

司马懿为解心头之恨，又以同案犯之名，将王凌之子王广诛杀，将曹彪赐死，令狐愚虽死，也被挖开坟墓，开棺暴尸三日。

王凌废立事件虽然并未得逞，但对司马懿震惊很大，尤其王凌，已是八十岁的老人了，还要和自己拼搏一番，可见完全征服曹氏集团，并不是通过一次政变能办到的。

司马懿为了消除隐患，防止此类事情再发生，下令把在洛阳的曹魏宗室诸侯王公，全部押送至邺城（今河北省临漳县西南邺镇），实行监禁，不许他们随意交往。

蒋济曾经对司马懿说过王凌父子文武双全，这确实不假。《魏氏春秋》记载，王凌除了大儿子王广以外，还有弟弟王飞枭、王金虎，都才武过人。《魏末传》记载，王凌的小儿子王明山，最知名，不仅书法无双，而且武艺高强。通缉令下达以后，王明山逃往太原老家，眼看追兵就要追上，王明山看到不远处的桑树上落满了飞鸟，他弯弓搭箭，一箭就射下了一只，追兵吓得一哄而散。等到家的时候，王明山饥饿难忍，

"江淮名刹"泰州光孝津寺，始建于晋朝

投奔亲戚家吃饭，被亲戚举报送官，被杀。

这就是史书上所谓的"寿春第一叛"。

在迅速处理了王凌事件以后，也许是司马懿感到自身来日无多了，七月二十八日，他任命自己的弟弟司马孚为太尉，又定下遗书四条：第一，葬於京城东北八十里之首阳山，不坟不树，保持原地形不变。第二，敛以时服，不设明器。这是说下葬时穿平常的衣服，不放器物与之合葬。第三，日后死者不得与其合葬。第四，日后子孙不得祭陵。这是避免在他们家平出现一次高平陵事变。不管司马懿临死前是出于何种考虑，才立下这四条规矩，但是，司马懿的这四条开创了两晋王朝皇室薄葬的传统。

司马懿于魏王曹芳嘉平三年（公元251年）八月五日去世，年七十三岁。史书记载，司马懿的死是梦见王凌、贾逵向其复仇而受到惊吓，发病而死。此年，齐王曹芳刚好二十岁。

司马懿终于死了。但是，曹操的那个"三马共食一槽"的梦魇，才刚刚开始。

司马懿是三国时期杰出的政治家和军事家，他"内忌而外宽，猜忌多权变"，在复杂的政治斗争中进退有据，从容自如，尤其善于韬光养晦，隐忍不发，该出手时就出手。同时，司马氏对付政敌，又显示了其残忍狡诈的一面。

司马懿的死并未给司马政权造成巨大损失，他稳扎稳打、坚定不移的一生为其后代坐上皇位铺就了坚实而广阔的道路。

子元秉政，政局稳定

司马懿死后，司马家的摇尾系统纷纷向皇帝曹芳建议，应该"父死子继"，由司马师继承司马懿的辅政地位。当时的司马师已经因为高平陵有功，而被封为长平乡侯，任命为卫将军，掌握着京师的全部武装力量。曹芳无奈，只得任命司马师为抚军大将军辅政，并主管政府的机要。

司马师，字子元，是司马懿的大儿子。司马懿一共有九个儿子，大老婆张春华生司马师、司马昭、平原王司马干，伏夫人生汝南文成王司马亮、琅邪武王司马伷、清惠亭侯司马京、扶风武王司马骏，张夫人生梁王司马肜，柏夫人生赵王司马伦。在这九个儿子中，除了司马京早死、司马干荒唐（此人好像精神不很正常，表面上和常人无异，像谦谦君子，可对于给自己的俸禄、赏赐，一点都不在乎，放在外面任凭风吹雨淋，腐败烂掉；自己的几个小老婆死了，也不让埋掉，而是放在堂上，时时奸尸，等尸体腐烂才让埋）以外，其他几个都是赫赫有名的人物。

司马师年轻时，是个远近闻名的大族子弟，《晋书》说他"雅有风彩，沉毅多大略，少流美誉"，与当时的大名士何晏、夏侯玄齐名。司马懿生前就很看好他。

司马懿死后，司马师以抚军大将军身份辅政。转年（公元252年），

又升任大将军（此二职务皆为高级武官，抚军大将军地位略低于大将军），同时，加侍中、持节、都督中外诸军事、录尚书事，集军政大权于一身。这时司马师四十五岁。

司马师秉政后，面临的第一件事就是如何在短时期内平复高平陵事件带来的不利影响，团结一切能够团结的人，稳定自己上台后的政局。

司马师执政有哪些特色呢？

其一，注重管理队伍的建设。

中年的司马师，已经具备丰富的执政经验，为了稳定政局，他在政府中安排了来自各方势力的人员：诸葛诞、毌丘俭、王昶、陈泰、胡遵为地方军区司令；王基、州泰、邓艾、石苞典州郡；卢毓、李丰主抓选举；傅嘏、虞松参计谋；钟会、夏侯玄、王肃、陈本、孟康、赵酆、张缉都被任命为政府官员，参与朝议。同时，命令百官举贤才，明少长，恤穷独，理废滞。就这样，司马师调整了各级官员的配制，规定了每个职务的职掌，严格管理，很有成效。史书记载："四海倾注，朝野肃然。"（《晋书·景帝纪》）

其二，拉打结合。

任何执政者用人，都是以拥戴、支持自己为前提的，司马师也不例外。但是，他对于支持者、有用之人极力拉拢，对反对者则毫不留情地打击。如果他看上你，想用你，想躲都没办法。要么规规矩矩来做官，要么没有好下场。司马师下手之狠超过其父司马懿，这就是司马氏施行的高压政治。这种政治让人感觉到窒息、恐怖，一旦事到临头，你根本不能选择。

那些有意与司马氏保持距离的名士都非常恐惧，生怕得罪司马师而性命不保。比如，上党人李熹"少有高行，博学研精"，是远近闻名的名士，司马懿曾请他做自己的属官，被李熹以病推辞。司马师辅政后，觉得李熹是可用之才，就再次让李熹任大将军从事中郎。这次很痛快，李熹很快就前来赴任了。

一见李熹，司马师就问："过去我父亲请你任职你不答应，今天我任你为官你这么快就到了，这是为什么呀？"李熹说："先君以礼见待，熹得以礼进退。明公以法见绳，熹畏法而至。"（《晋书·李熹传》）李熹的话，不卑不亢，甚至有些嘲讽之意，意思是，你父亲对我"以礼见待"，还给个面儿，你却蛮横不讲理，"以法见绳"——所谓法不就你说了算吗，我敢得罪你吗？

于是，竹林七贤们有自愿的，也有被迫出来做事的。阮籍在高平陵之变以后，就被迫做了司马懿的从事中郎，现在变为司马师的从事中郎。《晋书·山涛传》记载，山涛找司马师求官，司马师说："姜太公也要出山为官吗？"就命令司隶举为秀才，任命为郎中。由于政治上的强制，正始以后，竹林中的大部分人先后出山做了官。阮籍等人害怕卷入政治纠纷而又无法远离政治的矛盾，使得他们表现为一种奇特的"世隐"或"朝隐"式的生活态度：身在庙堂，心在山林；身任官职，却遗落世事；他们或口出玄远，或酣饮纵放，或服食求仙，成为当时特定的社会政治环境下的独特现象。

总之，在司马师主政期间，他的高压政策使许多名士的内心很复杂，许多人的惧怕心理占了上风，他们为保全自身，不得已投靠了司马氏。

同时，司马师也意识到了少数民族尤其是居住在山西境内的匈奴可能战乱的隐患。

谋并天下

晋朝开国奇谋

城阳郡（今山东省诸城）太守邓艾上书说："单于被留在内地，羌夷人失去统御，无论离散或集合，都无人管理。而今，匈奴民众与单于日益疏远，而各部部长的威望却日益加重，对于他们的动向，要特别戒备。听说刘豹（左部）有一部分叛变的部众，最好是利用这个机会，把他们分割为两部，以削弱他们的实力。右贤王去卑，曾在东汉王朝末年建立功勋，可子孙不争气，遂告衰弱。我们应该封他们一个尊号，让他们驻屯雁门郡（今山西省代县）。"又说："羌胡跟汉人混杂居住的现象，应该制止。应逐渐把他们迁出汉人聚集区。"司马师全都采纳。

可以说，在司马师开始执政的一年半时间里，曹魏的大局还是基本稳定的。

与此相反，南方吴国却发生了一件惊天动地的大事。

就在司马懿去世的那一年（即公元251年）十一月，东吴的孙权也到了回光返照的时刻。

此时，孙权又想起了被他废为平民的前太子孙和，打算将孙和召回建业。但是，孙鲁班和侍中孙峻、中书令孙弘坚决不同意，病中的孙权也显得很无奈，只是封孙和为南阳王，让他去了长沙。

因为太子孙亮年纪不大，孙权也要考虑辅政大臣的人选，于是，孙峻推荐了大将军诸葛恪。

诸葛恪，是诸葛瑾的大儿子。据说，诸葛恪小的时候很聪明，他父亲诸葛瑾脸比较长。一次，孙权大会群臣，叫人牵一头驴，在驴的脸上题字"诸葛子瑜"（诸葛瑾的字），诸葛恪灵机一动，在下面加"之驴"二字，引来举坐赞赏。还有一次，孙权和群臣一起喝酒，轮到诸葛恪给张昭倒酒，张昭喝得脸红了，不想再喝，说："这不是尊敬老人之道。"孙权说："你要是能说得他老人家理屈，那他得喝。"于是，诸葛恪就说："姜太公九十岁还与武王一起拿着节钺，带领着军队，也没有听说言老。今天，军旅方面的事情，不让您老冲在前面，喝酒这样的事情，却让您先喝，怎能说不尊敬老人呢？"张昭没办法，只好喝酒。

虽然这样，当孙峻提出由诸葛恪做辅政大臣的时候，孙权还是皱起了眉头，说："诸葛恪？这家伙太刚愎自用了。"

孙峻反过来劝孙权，如今没人比诸葛恪更精明能干。

孙权心想这话倒也不错，陆逊已经去世，再也挑不出十分合适的人选了。

于是，孙权下令将镇守武昌的诸葛恪调回建业。诸葛恪临行时，上大将军吕岱告诫他说："你这次回去，凡事要小心，务必十思而后行。"诸葛恪却不以为然说："古人云三思而后行，孔夫子更是说过思考两遍就可以了。如今您却让我十思，您这明明是看不起我，说我不行嘛！"这一番话让这位九十一岁的老前辈无言以对，只好苦笑两声。

其实，自从孙权在废立太子一事上胡来以后，东吴内部就危机四伏，吕岱劝诸葛恪小心点并非多余。

诸葛恪到建业后就立即晋见孙权。病榻上的孙权任命他以大将军身份加太子太傅，任命孙弘为少傅，并将所有的政务都交给了诸葛恪，除生杀大事以外可以先斩后奏。

嘉平四年（公元252年）四月，孙权病逝，享年七十一岁。作为江东的领袖，孙权和曹操刘备齐名，其实年纪却比二人小很多。赤壁之战和夷陵之战分别是曹操和刘备生平最大的败仗，也都是败在了这个"碧眼儿"的手上，难怪曹操会以"生子当如孙仲谋"来赞叹。

谋并天下

晋朝开国奇谋

东吴地位仅次于诸葛恪的孙弘，与诸葛恪私人关系恶劣，孙权死后，孙弘担心自己被诸葛恪杀掉而密不发丧，反要伪造孙权的诏书杀掉诸葛恪。诸葛恪得到孙峻的举报后（后来杀诸葛恪的也是这个孙峻），先下手为强，假装请孙弘商议政务而杀掉了孙弘。诛杀孙弘以后，诸葛恪这才将孙权病逝的消息公开，并拥立孙亮为皇帝，尊谥孙权为大皇帝。

东吴的诸葛恪与司马师一样，当政后确实也想有些作为。他励精图治，精兵简政，轻徭薄赋，撤销了孙权后期设立的间谍机构，免除百姓们长期还不上的债务，废除设置在各处的收税关卡。因此，吴国军民都很高兴，当时甚至出现了人人希望一睹诸葛恪风采的现象。

这一时期，曹魏与东吴都呈现出一派新人新政的新气象。

魏吴交兵，大显身手

魏吴两国虽然都呈现出了一派国泰民安的现象，但这期间也曾发生过两国交兵现象。

从嘉平三年（公元251年）八月开始到正元二年（公元255年）一月，司马师执政了短短三年零五个月的时间，魏吴就发生了两次较大规模的战争。

嘉平四年（公元252年），诸葛恪和司马师，这两个新上任的执政大臣之间就迫不及待地展开了第一次的对决。

以前，在巢湖上，孙权曾经构筑了一条东兴（今安徽巢县东南）大堤，使得大堤南边的湖面成为一个停泊战舰的良港，后来，大堤逐渐废弃。在公元252年十月，诸葛恪带领吴国军民来到东兴，开始重新整治东兴大堤，并且在大堤的两头，各修建了一个军事据点，每个据点驻扎了一千人马，分别由将军全端（东吴名将全琮侄子）和都尉留略（吴将留赞之子）镇守。

东吴的这一系列举动，对于魏国的将领而言，无疑是一种挑衅。

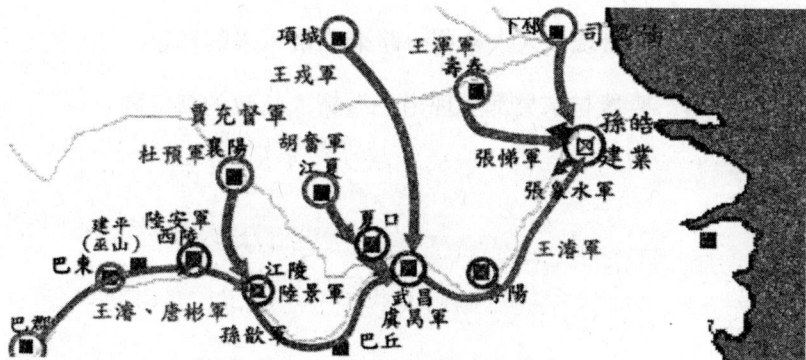

晋灭吴之战图

魏国的征南大将军王昶、镇南将军毌丘俭、镇东将军诸葛诞、征东将军胡遵等纷纷上书，提出进攻吴国的方案。司马师征求傅嘏的意见，傅嘏认为，当务之急是扩大武装屯垦。应该下令王昶、胡遵等，选择险要地区，筹备设施，命令部队，同时进驻，夺取敌人肥沃土壤，强迫他们退到贫瘠地区。这样一来，我们的部队在前线就可以吃到自己种的粮食，不用后方的运输，而且还加大了战略纵深，所以现在的问题不是急于去打击敌人，而是要把部队向边境线推进，把屯田的范围扩大到前线，从而达到"敌人安逸，使他疲劳；敌人温饱，使他饥寒"（《孙子兵法》）的目的。

然而，傅嘏的这一建议不能产生立竿见影的效果，因此，司马师没有接受，他接受了前线将领们的意见。

嘉平四年（公元252年）十一月，司马师下令三道伐吴。征南大将军王昶（治所在今河南南阳新野县）攻击南郡（今湖北省江陵县）；镇南将军毌丘俭（治所在今河南省正阳县东北）攻击武昌；征东将军胡遵、镇东将军诸葛诞（时二人皆在寿春）率军七万攻击东兴，胡遵、诸葛诞下令各军搭建浮桥，连接濡须水两岸，在堤上扎营布阵，同东兴的东西两城分别发动攻击；城高墙厚，一时不能攻取。

到了十二月份，东吴诸葛恪率军四万，昼夜兼程赴援东兴。诸葛恪命冠军将军丁奉，率吕据、留赞、唐咨担任前锋，沿山西上。丁奉对各将领说："我们的行动太过缓慢，如果敌人占领有利地形，就很难对抗，现在，让我先行！"丁奉率领直属部队三千人，强行向前挺进。当时，正逢北风，丁奉张帆鼓浪，只用两天，便到东关（今安徽省含山县西南），立刻进驻徐塘。天气寒冷，大雪纷飞，千里冰封，一片银白；胡遵、诸葛诞等正在司令部摆设酒筵，欢乐痛饮。丁奉发现曹魏军的警卫部队人数不多，对部下说："夺取侯爵，领取赏赐，正在今日。"命士卒脱下铠甲，扔掉枪矛，只头戴铁盔，手拿大刀、盾牌，赤身露体，沿着堤防而上。曹魏军远远看见，忍不住放声大笑，没有立即戒备。东吴军遂攀上堤岸，杀声震天，直砍曹魏军前哨各营。

这时，吕据各军也已抵达，立即投入战场，曹魏军大吃一惊，四散逃走，争先奔向浮桥，浮桥却忽然中断，曹魏士兵纷纷跌落水中；没有跌落水中的，互相践踏，前锋指挥官（前部督）韩综、乐安郡（今山东

省邹平县东北苑城乡）郡长桓嘉等，全被斩杀，曹魏军死亡数万人。诸葛恪俘获辎重武器，堆积如山，凯旋而归。

东面失败后，曹魏西边的两路也迅速回撤。

这场战役胜利了，取得这场战役胜利的主要原因还在于，吴军行动迅速，特别是老将丁奉的奋不顾身，勇猛杀敌。

不过，这场战役对魏吴两国的影响却截然不同。在曹魏方面，司马师主动承担了错误，只是把自己的弟弟司马昭削爵以示惩罚，并没有追究其他一线将领的任何责任。这当然是司马师收买人心之举，但是也确实起到了"人人不仅惭愧，而且高兴"的局面，使得曹魏上层更加团结。而在吴国一方呢，这次胜利的效果却刚好相反，由于有了这次胜利，使得本来就刚愎自用、自以为天下雄才的诸葛恪头脑发晕，以为曹魏不过如此，遂产生了轻敌之心，幻想着再来一次更大规模的胜利。

紧接着，就在嘉平五年（公元253年）的三月，吴国的诸葛恪就又发动二十万之众，向曹魏帝国发起了新一轮的进攻，也就是第二次魏吴交兵。

这时，蜀国第一人费祎已经被曹魏间谍刺死，姜维再也没有费祎的掣肘，他与诸葛恪相配合，也率领数万人马出石营（今甘肃省礼县西北），包围曹魏所属的狄道（今甘肃省临洮县）。

有人对诸葛恪建议："如果深入敌境，可能民众会逃散，劳而无功；倒不如包围新城，引诱魏军前来救援，我们围城打援，可以取得大的收获。"诸葛恪采纳了这个建议——举如此大兵，你的战略意图是什么？还是像以前那样搞搞抢劫？应该不是。既然不是，那还听信这样的意见？

司马师问虞松怎么办？虞松回答："今天诸葛恪如果全军而上，乘着锐气，足可以取得战果的；但是他却顿兵于坚城之下，等到他攻不下新城的时候，士兵都疲惫了，到那时，他肯定要逃跑，所以说现在我们的将士不敢向前，在今天这样特定的情况下，不能不说对我方还是有利的。至于说姜维，不过是以为我们全力对付吴国，所以他才放心大胆地远来攻击狄道，想因粮于我，如果立即命令关中的全部部队前去救援，姜维是会知难而退的。"

于是，曹魏派遣太尉司马孚也率领了二十万人马，前去迎战诸葛恪，命令关中所有的部队去解狄道之围。

很显然，司马师的在东线的策略就是，采取守势，不去救援新城，用新城作为消耗诸葛恪大军的棋子。而在西线，则采取有力措施，迅速展开救援。

事实证明，这样的决策是完全正确的。

当时新城的守将是魏国的张特（字子产，魏国涿郡人），他的士兵只有三千人。

以三千人对二十万。

这在任何时候都是一个奇迹。

张特率军死死地守着新城。诸葛恪在城外垒砌土山，连着攻了三个多月，竟然没有攻下。最后，等到城池即将沦陷的千钧一发的关头，张特对吴国人说："我今天不想再打下去了。但是根据魏国法律，如果将领坚守城池超过百天，而救兵不来的话，就是投降，家里的老小也不被连坐。到现在你们已经攻击了九十多天了，城中本来有四千士兵，也已

经死了一多半，现在剩下不到一半的人还是不想投降，等我回头好好劝劝他们，这是我的印信，给你们做凭证。"

吴国人相信了张特的话，也没有要他的印信，就停止了进攻。

而张特却命令连夜把城内的居民房屋拆掉，用拆下的木材作出栅栏，堵住了城墙的缺口。

等第二天天一亮，吴国人发现城墙的缺口被堵上了，同时，耳朵里也传来张特的声音："我只有战斗而死，绝不投降！"

把吴国人气个半死。

气归气，但是，城却还是攻不下来。

这次诸葛恪出兵是在三月，本来已经长驱直入魏国腹地，却不知道听从谁的计策，回军围了新城，围新城的时候是在五月，围到七月，天气暑热，不少吴国兵士得了传染病，拉肚子，最后，诸葛恪看强攻不下，魏国的救兵也到了，开始退兵。

诸葛恪这次出兵失利，名声大损。

过了没多久，吴国孙峻借着众人的怨气，就在孙亮的宫中设计将诸葛恪杀死。

高压手段，宫中惊变

司马师本人具有相当的执政能力和治国谋略，加上他那令人不寒而

栗的高压手段，于是，很多人不得不投靠了司马师，司马师的权势不断增强。但是，司马师执政之初广纳各方贤才，不过是稳定政局的一种权宜之计罢了。司马氏父子在把握进退的节奏上，已经到了炉火纯青的地步。随着时间的推移，司马师冷眼旁观着被自己推举出来的每个人的表现。可是，让司马师十分意外的是，在他执政三年之后，又一场企图推翻他的政治事件突然爆发了。

原来，朝臣对司马氏专权有目共睹，却敢怒不敢言，连皇帝也包括在内。曹芳这时已经二十多岁了，尽管还是那么贪玩，但是越来越像一个成年人，这让司马师浑身不自在，司马师的眼光紧紧地盯牢和皇帝曹芳接触的每一个人。

有很长一段时间，司马师发现，中书令李丰和皇帝曹芳常常单独密谈。虽然司马师在宫中安插了不少眼线，但也探听不出皇帝曹芳和李丰究竟说了些什么。

"好话不背人，背人无好话。"在司马师看来，曹芳和李丰一定在密谋些什么。

李丰，字安国。原来是魏明帝东宫时的文学侍读，名气很大，甚至当时的吴国都知道。魏明帝死后，因为当权者以为他名过其实，就把他安排到郭太后那个永宁宫做太仆，不掌实权，但朝位却在司隶校尉、河南尹之上。李丰在司马懿、曹爽执政时任尚书仆射，尚书仆射虽然是执政官，但在曹爽专权时连尚书令司马孚都不掌权，尚书仆射当然也成为闲职。他经常称病，当时规定病休百日解职，他总是不到百日就暂时任职几天，然后再病休。人们评价："曹爽之势热如汤，太傅父子冷如浆，李丰兄弟如游光。"他心向曹魏政权，但又不敢与司马氏公然作对，这也是他提出"才性离"的原因。

司马懿辅政后，李丰曾担任中书令。中书令官品虽不算高，但接近皇帝，参与决策。李丰还有一个特殊的身份，他是魏明帝的亲家，他的儿子娶了明帝的公主，是皇亲国戚。李丰经常入宫与曹芳密谈，具体谈的什么？谁也不知道。《三国志·魏书·夏侯玄传》注引《魏略》说：曹芳"每独召与语，不知所说"。估计他们之间所谈的内容无非是曹芳发牢骚，诉苦水，进而密谋策划，如何拿下司马师。李丰又找大臣张缉入伙。张缉也不是一般的人物，他是曹芳的老丈人，其女儿是张皇后。这几个人决定，废掉司马师，立新的辅政大臣。立谁合适呢？立夏侯玄。

夏侯玄（公元209年～公元254年），字太初，魏征南大将军夏侯尚之子。他的母亲是曹真的妹妹，也就是曹爽的姑姑，与曹爽是姑表兄弟，关系密切。夏侯玄还是著名的玄学家，与何晏、王弼齐名。他一表人才，风度翩翩，走到哪里都会成为被瞩目的人物。在文学上，夏侯玄也颇有造诣，著有《乐毅论》，后来为东晋大书法家王羲之所书写而传于天下。

从政治派别上看，夏侯玄无疑属于曹爽集团。公元249年，司马懿发动高平陵政变时，夏侯玄任征西将军，不在洛阳，在长安指挥西线战事。司马懿很清楚夏侯玄和曹氏的关系，早就把他列入黑名单了。在杀曹爽、稳定了洛阳的局势后，就下令将夏侯玄调回京城出任大鸿胪（九卿之一，负责地方王侯和少数民族礼仪事务），剥夺了他的军权。接到司马懿的调令后，夏侯玄帐下大将、他的族叔夏侯霸（时任讨蜀护军），感到大祸将要临头，决定以走为上，就逃到了蜀国。夏侯霸曾劝说夏侯玄一起逃亡蜀国，而夏侯玄坚决不逃，叔侄两个就此拜别。

回到京城的夏侯玄，虽然担任没有实权的大鸿胪，但还是受到了司马氏集团的严密监视，很不自由。夏侯玄深知自己处境艰险，他断绝了与外界的往来，小心翼翼，非常低调。

两年后（公元251年），司马懿去世，有朋友对夏侯玄说："司马公已死，这下你不用担心了！"夏侯玄长叹一声，说："你有所不知呀，司马懿尚且可以把我当作晚辈看待，只怕司马师、司马昭二兄弟不能容我呀！"话虽这样说，但夏侯玄对司马氏并不服气，所以当李丰、张缉和曹芳谋划废司马师、立夏侯玄为辅政大臣时，夏侯玄也就接受了。

就在他们准备就绪，即将动手之时，不料消息泄露。《三国志》中说"大将军微闻其谋"——很可能司马师在宫中安插了耳目、线人，曹芳等人的一举一动都在被监控之中。司马师得知后，决定以迅雷不及掩耳之势发动反击。

首先，擒贼先擒王，这次事件的谋划者是李丰，先把他除掉。

正元元年（公元254年）二月，司马师把李丰叫到大将军府，一见李丰就劈头问道："你和皇帝曹芳说了些什么话？"李丰一听，全明白了，知道计谋泄露，败局已定，不可挽回，不如干脆直说了吧，遂正色曰："卿父子怀奸，将倾社稷，惜吾力劣，不能相擒灭耳！"——你们父子心怀狡诈，企图倾覆社稷，只是我太笨，没能把你们擒杀呀！没等李丰说完，司马师手下的武士就一拥而上，用刀将李丰砍死了。

其实，李丰不是一个勇敢的人，《魏略》称："及宣王奏诛爽，住车阙下，与丰相闻，丰怖，遽气索，足委地不能起。"所以，李丰在两大集团中间，两面讨好也是迫不得已的事情。司马师一向器重李丰，史称："中书令李丰虽素为大将军司马景王所亲待，然私心在玄。"司马师执政后，在选任中书令时，任用了李丰。李丰是廉洁的，史料记载，生活只靠工资，皇帝的赏赐全部分给亲友，等到被抄家的时候，家无余财。

得知自己的岳父被杀，见风使舵的贾充立即把自己的妻子也就是李丰之女李氏休了，留下李氏生的一双女儿，把李氏送上了漫漫的发配之路。

李丰的死只是司马师铲除隐患，并让每一个大臣都无条件服从自己的开始。

夜里，李丰的尸体被人从大将军府抬到了廷尉府，廷尉钟毓是太傅钟繇之子，钟会的哥哥。钟繇尝率二子见曹丕，钟会时年七岁，其兄钟毓年八岁，钟毓见帝惶惧，汗流满面。曹丕问钟毓曰："你为什么出汗啊？"钟毓回答："战战惶惶，汗出如浆。"曹丕问钟会："那你为什么不出汗呢？"钟会回答："战战栗栗，汗不敢出。"聪明的钟毓不敢接受这个案子，他知道这事难缠。

后来，宫内送出命令让受理，钟毓才只好受理此案。于是，廷尉府按照司马师的指示，将与此事件有关人员全部抓捕、杀害，并夷三族。又将李丰生前友好的皇后父亲张缉、夏侯玄等人逮捕。

夏侯玄对自己将被抓捕早有预料。他肯定是在被捕杀之列，不过他为什么不在长安时就和族叔夏侯霸投奔蜀国？而是回到洛阳，这不是自投罗网吗？夏侯玄有可能还存在一些侥幸心理：从我和你司马师的关系看，你未必敢下毒手吧？他和司马师有什么关系呢？原来，他是司马师的大舅子。

夏侯玄有个妹妹叫夏侯徽，嫁给了司马师，并生有五个女儿。夏侯徽举止优雅，颇具才识，每当司马师有什么想法时，都由夏侯徽从旁策划协助。不过，由于她是曹家的外甥女（舅舅是曹真），司马师对她又

颇有戒备之心，夏侯徽二十四岁时，莫名其妙地中毒而死。夏侯徽为什么会突然死去？史书仅记载："青龙二年，遂以鸩崩。"其中有没有司马师的责任？值得怀疑。

夏侯玄存在侥幸心理，但是很微小。他知道，自己虽然是司马师的大舅子，但他更清楚司马氏对政敌下手狠，毫不留情。在中国古代，为了政治利益，为了王位、权力，父子、兄弟之间反目为仇、相互厮杀的事件很多，夏侯玄知道政治上的失败，就意味着人头落地，司马师是不会因他是大舅子而讲情面的，不如从容对应。果然，嘉平六年（公元254年），夏侯玄被抓入狱。

在牢房，夏侯玄忍受着严刑拷打，毫不屈服，也不认罪。负责审理此案的廷尉钟毓实在没办法，只好哭着来到夏侯玄面前求他。夏侯玄严肃地说："我没有什么可说的，如果你觉得交不了差的话，那你就给我写吧。"就这样，钟毓当夜伪造了一份夏侯玄的供词，第二天一早，钟毓捧着供词让夏侯玄过目，夏侯玄只快速一扫，便点头微笑。

当然了，史书也不忘了刻画一个小丑的嘴脸——钟会。夏侯玄从来没有正眼瞧过此人。如今，夏侯玄入狱了，钟会感到可以好好戏弄戏弄人家了。他嬉皮笑脸地来到正襟危坐的夏侯玄跟前，嬉皮笑脸地提出想和夏侯玄交朋友！

高傲的夏侯玄终于忍不住了，但是他仍然是那么有分寸，只是严厉地像教训自己的孩子那样，说道："钟君，你何苦这样相逼呢？！"

而司马师想除去一切自己看着不顺眼的人，他要除去的另一个人物则是中领军许允。

许允，字士宗。他与在高平陵事变中被处死的桓范是好朋友。许允的妻子很丑，但很聪明，刚结婚的时候，许允不愿意和丑妻在一起，对妻子说："妇有四德，你有几个？"妻子说："新妇所缺乏的只有容貌。知识分子要百种优良的品行，君有其几？"许允骄傲地说："我都具备。"妻子说："知识分子的百种优良品行，以德行为首，您却好色不好德，怎么说都具备了呢？"许允无言以对，从而开始敬重妻子了。

照理说，许允对司马氏家族是有功的，在高平陵事变中，许允和陈泰一起劝说曹爽归降司马懿，使司马懿兵不血刃，就杀了曹魏第一执政曹爽，因此，高平陵事变以后，许允被司马氏任命为"保卫"皇帝的禁军首领——中领军。

然而，中领军的特殊地位，使得许允和皇帝的接触自然多了起来，这立即引起了司马师的警觉。

于是，一件奇怪的事情发生了。

一天一大早，在许允的大门口，有一个自称传达皇帝诏书的人，骑着快马，对着门房叫喊一声："有诏书！"等门房出来看的时候，那人早已经跑得无影无踪了，地上是一卷诏书。门房赶紧拿给许允看，上面写着："任命夏侯玄为大将军，许允为太尉。"许允赶紧把那"诏书"烧毁。这奇怪的事情，是李丰们干的吗？如果李丰要密谋杀掉司马师，有这样干的吗？那会不会是皇帝曹芳干的呢？这样平白无故，事前没有预谋的投书，不是形同儿戏吗？

结论是最有可能这样的，就是司马师本人干的！

司马师这样干一举几得：一是，看看你许允对我是不是忠心，得到这个诏书，你是不是第一时间向我报告。二是，如果你向我报告了，上面的计划正好是谋杀我司马师的书面证据；这下可好了，不光是有口

谋
并
天
下

晋朝开国奇谋

供，也有了物证，好说多了，也正好让我拿夏侯玄等人开刀。三是，既然是诏书，那你皇帝曹芳就逃脱不了干系！四是，既然是"谋反"大罪，上面有你的名字，就是你向我举报了，你的小命仍然在我手心掌握，从此，你必须时时刻刻对我效忠。

然而，许允却把那封"诏书"神不知鬼不觉地烧掉了！使得司马师的一切计划泡汤了。

本来司马师想让许允表现自己一下，可他却这么不识趣！

很快，廷尉奏报："丰等谋迫胁至尊，擅诛冢宰，大逆无道，请论如法。"

接着，朝廷大臣集体讨论通过。

紧接着，夏侯玄等人被杀。据史书记载：夏侯玄被处死的时候，"颜色不变，举动自若，时年四十六"。可谓高风亮节，不失名士风范。

后世有人说，也许何晏被处死，就因为他曾经评论了司马师只能处理好俗务；后世也有人说，也许夏侯玄被处死，就因为他曾经被何晏评论为能探究世界的大道，让司马师一直怀恨在心。史书记载，司马昭流着眼泪向哥哥司马师请求赦免夏侯玄。司马师说了一句话："你难道忘记了那次赵俨追悼会上的一幕吗？"——司空赵俨的追悼会上，司马师和司马昭兄弟俩和群臣先到，夏侯玄后到，群臣们见到夏侯玄到了，全都纷纷站起身来迎接——这一幕，一直折磨着司马师狠毒的心灵，杀夏侯玄有政治需要。然而，更多的似乎来自司马师那颗被嫉妒煎熬着的内心。

虽然，流传下了那句"司马昭之心，路人皆知"的谚语。但是，从司马昭对夏侯玄、对嵇康、对阮籍等人的态度上来看，比起那个阴冷无比的司马师来，要人性了许多。

至此，司马师粉碎了李丰策划的换辅政大臣的政治事件，诛杀了参与事件的大臣，巩固了自己在朝廷的地位。但是这件事还没有完，司马师对那个在幕后策划政变的主谋、皇帝曹芳该怎样处置呢？

废黜曹芳，新帝登基

正元元年（公元254年）春，司马师粉碎了李丰、张缉等人策划的立夏侯玄为新辅政大臣的事件，将参与事件的人员全部杀掉，解了心头之恨。作为皇后父亲的张缉被处死了，那皇后也自然当不成了。三月，司马师废黜了张皇后。四月，立王皇后。

这一年注定就是一个不平静的年头，司马师在这一年刚一开始，就杀心四起，二月杀李丰、夏侯玄、张辑等七人，全部诛杀三族，三月废掉皇后，杀掉许允。

此时的曹芳，已经二十三岁了，在司马师制造出的恐怖气氛中，因苦无良策，而采取了一种近乎破罐子破摔的态度。

曹芳恨郭太后与司马氏家的关系亲密，所以和郭太后的关系搞得也很僵。

在立王皇后的问题上，郭太后和他意见不统一，曹芳很恼火，说："曹家天子从来就是捡自己喜爱的女人立成皇后的，我愿意！"

郭太后的母亲杜氏去世，郭太后当然很伤心，可是，身为"儿子"

的曹芳却不去安慰。

就这样，母子关系的迅速恶化，导致郭太后找了个理由，把曹芳宠爱的两个妃子——一个张美人、一个毓婉诛杀。

曹芳几乎要疯掉。

母子关系彻底破裂。

其实，司马师始终没有忘掉参与上次事件的皇帝曹芳，对曹芳，他可不能用对李丰等人的办法，一杀了之，怎么说他也是当朝皇帝！再说，皇帝是有权利撤换某大臣的职务的，如果仅以此为名处置曹芳，那也太蛮横不讲理了，会引起天下人公愤的。所以司马师一时也没有好办法，这件事就搁了下来。不过，有仇必报这是司马家族的性格特点，只是等待时机罢了。

这年（公元254年）九月，司马师感觉该收拾曹芳了。而这时恰好也有一个机会，对曹芳有利，甚至他可以先下手为强干掉司马师。这是怎么一回事呢？

当时，蜀汉大将姜维北伐曹魏，朝廷决定派司马师之弟司马昭到长安指挥抗击姜维的进攻。司马昭时任征西将军，在许昌驻扎。为了鼓舞士气，朝廷决定，司马昭先带军队到洛阳，在城西平乐观接受皇帝的检阅。这时曹芳身边的几个亲信给他出了个主意，趁检阅军队，司马昭向皇帝辞行，当他走近皇帝的时候，左右人冲上去，先将司马昭杀死，再派军队拿下司马师，然后向全国宣布：经过激烈斗争，胜利粉碎了司马氏专权独裁集团！曹芳不就可以独掌大权了吗？他们精心策划了事件的各个环节，甚至还替曹芳起草了诛杀司马氏兄弟的诏书。

谁知，当他们把诏书送到曹芳面前时，曹芳却犹豫了，他两眼直勾勾地看着诏书，浑身冒汗，两腿打颤，一闭眼就似乎看见司马师凶恶的面孔，似乎听到他在说："小子，你敢干吗？"他越想越怕，甚至嗓音失声，连话都说不出来了。左右人一看，这不又是当年那个贪生怕死、没有主见的曹爽的再现吗？于是他们也不再催促曹芳了，一旦把他吓死了，可就麻烦了。但是这件事又很快传到了司马师那里，司马师感到还是先下手为强，动手要快，不可迟疑！

他采取了两步走的办法。

第一步，召开"群臣会议"——集体决定。据《三国志》记载，这次朝廷大会，到会的有将近五十位朝臣，当朝大臣几乎全部出动。这是司马师有意安排的，以显示这个会议的严肃性、重要性和权威性。在这次会上，司马师掏出提前准备好的关于曹芳问题的材料，当众历数曹芳的种种不端行为，说曹芳："荒淫无度，亵近倡优"——和女人鬼混胡来，行为极其下流，已经失去了做皇帝的资格，"不可以承天绪，奉宗庙"（《三国志·魏书·三少帝纪》），应该将其罢免！参加大会的朝臣们知道，废黜曹芳完全是司马师一手策划的，所谓罪行也多为不实之词。但出于对司马师的惧怕，大家只好举手同意，"群臣莫敢违"。于是形成决议，罢免曹芳。

第二步，将决议报告郭太后——最后执行。

郭太后是魏明帝曹叡的皇后，本来按照魏文帝当年立下的规矩，后妃不得干预朝政，但司马氏专权后，为了给自己的行为找依据，往往以郭太后为挡箭牌，挟太后以令大臣。现在要废曹芳，自然还是利用郭太后的特殊身份拍板做最后决定，至于魏文帝当年的规定，早就扔到脑后去了。

司马师派郭太后的叔叔郭芝入宫，请郭太后批准决议，叔叔对侄女说话可直接一些。郭芝入宫后，见到郭太后正和曹芳聊天，他们显然还不知道曹芳已经被废了。郭芝对曹芳说："陛下，大将军司马师已将你罢黜，要立新皇帝取代你了！"曹芳一听，似乎也有所预料，并不惊慌，站起身来，一言不发，扭头就走。郭太后却显得很不高兴，面带怒容。郭芝对她说："作为太后，你对曹芳不能好好管教，现在大将军决定罢黜他，并且率兵在外面把守，你应该顺从，不要再说别的了！"郭太后不甘心，说："且慢，我要见见大将军，有话跟他说！"郭芝心想，都集体决定通过了，你还有什么可讲的？于是大声对郭太后说："你怎么可以随便见大将军！闲话少说，赶快取出皇帝的印绶！"原来，郭太后保管着皇帝的玉玺。郭太后一见郭芝态度强硬，看来没有商量的余地了，也只好让人拿出玉玺，放在一边（郭芝并没有把玉玺拿走，他只是看看是否在太后手中）。郭芝见事情办得差不多了，于是赶快出宫向司马师汇报去了。

司马师见事情已基本成功，也松了一口气。下面还有两件重要的事要做：

第一件事，驱逐曹芳。将曹芳打发到何处去呢？由于曹芳年轻时曾被封为齐王，司马师决定还让曹芳回原来的封地。这样，二十三岁的曹芳，结束了十五年的皇帝生涯，无可奈何地离开了皇宫，仍旧回到了原来的封地。

临行之时，郭太后和几十位朝臣前来送行，大家默默无语，郭太后只是一个劲的哭泣，也不敢说什么。在送行的人群中，还有太尉司马孚，司马孚是司马懿的弟弟，生于公元180年，当时已经七十五岁了。他站在一边，"悲不自胜，余多流泣"，哭得挺悲伤。他为什么这样呢？司马氏专权对他不是也有好处吗？但人总是有良心的，司马师专权固然对家族有好处，但他做事一手遮天，很专横，不讲理，别人心知肚明，为了保命，不敢怒不敢言，作为叔叔，司马孚并不在乎，他内心同情懦弱的曹芳，所以前来送行。《晋书》说司马孚"温厚廉让"，"性通恕"，不怎么张扬，西晋建立后，担任虚衔的高官——太宰，一直活了九十三岁。

第二件事，另立新皇帝。废掉曹芳，立谁为皇帝呢？按司马师的意思，准备立曹据。曹据是曹操的儿子，估计年龄最少在五十岁以上，为什么立曹据呢？可能出于两个原因：第一，曹据的辈分高，在朝廷上有影响，说话有震慑力；第二，曹据很可能也是个窝囊废，没有主见，听司马师的，任他摆布。不过，曹据辈分大，是郭太后的叔叔，郭太后是他的侄媳妇，立曹据，她的态度如何呢？她乐意让叔叔当皇帝吗？果然，郭太后一听这消息就翻脸了，说："彭城王曹据，是我的季叔（小叔子），他当皇帝，我往哪儿摆？我坚决不同意！依我说，要立就立高贵乡公曹髦！"

郭太后为什么要立曹髦呢？她说："我们明皇帝曹叡是没有儿子，但不等于他就绝户了，按照礼制，弟弟的儿子也有资格成为继位的大宗。"所谓弟弟的儿子，是说曹髦的父亲是曹霖，曹霖是曹叡的弟弟。郭太后这番话还是有道理的，符合继位传统。所以，司马师想了想，反正曹三、曹四都一样，而且这个曹髦今年才十四岁，更好。就没有顶撞郭太后，他可能觉得也别让这个老太婆太别扭了，以后有事还得让她出面呢。

于是，司马师又召集群臣开会，传达了郭太后的意思，大家见司马

师同意，当然一致通过，立曹髦为帝。会后，赶快派车把曹髦从家中请到宫里。司马师为了显示自己的特殊身份，又专门进宫向郭太后索要皇帝的玉玺，他要亲自授予曹髦。但郭太后不给，这回她有些强硬地说："我可认识曹髦，小时候我还抱过他呢。等他登基的时候，我要亲自把这玉玺授给他！"——还是害怕司马师变卦。

在郭太后看来，曹髦为帝，曹家算有了正根，她的腰杆也硬气多了。嘉平六年（公元254年）十月初五，曹髦正式登基，改年号为正元，这时曹髦年仅十四岁（曹髦是郭太后的侄子，郭太后是他的伯母）。曹髦年纪小，许多事都得郭太后提醒。

对这位新皇帝，司马师一开始并不看好，因为立他主要是郭太后的主意。不过与曹芳相比，曹髦显得有精神，爱学习，"神明爽朗，德音宣朗"（《三国志·魏书·三少帝纪》）。有一次散朝后，司马师把他的一个亲信叫到一边，悄声问："上如何主也？"亲信说："才同陈思，武类太祖。"陈思就是陈思王曹植，太祖就是曹操，亲信说曹髦的文才和曹植相当，武功堪比曹操。这话有明显吹嘘曹髦之意，他还以为司马师真的看好曹髦呢。

司马师一听，说："若如卿言，社稷之福也！"仔细分析，司马师说这话应该有些言不由衷、酸溜溜的。司马师所想的是如何独揽曹魏大权，皇帝听话就行，他并不希望皇帝多聪明、多能干，如果这样，他专权不就受到制约了吗？

从曹髦角度看，他对司马师还是谨慎加小心的，前任曹芳的下场不就是深刻的教训吗？怎么处理和司马师的关系呢？还是用老办法，尽量笼络，哄着点儿，让他高兴。曹髦即位后不久，就下诏，用最美好、近乎肉麻的词语赞美司马师，说他的功劳远远超过了商代的伊尹和周初的周公，"德声光于上下，勋烈施于四方"（《晋书·景帝纪》）。

不仅如此，曹髦还给予司马师特殊的赏赐：授予黄钺——以黄金为饰的大斧，为天子专用，将其赏赐大臣，以表示威重；入朝不趋——上朝可以不拘常礼，不必迈着小步快走；奏事不名——向皇帝上奏折不用通报姓名；剑履上殿——可以佩剑穿着鞋子上殿。这些都是皇帝对大臣的特殊待遇，表明大臣的地位崇高，非一般人能比。

司马师知道，曹髦这样做一定是郭太后的主意：让曹髦讨好司马师，搞好关系。司马师虽然表面上推辞一番，但心里倒是美滋滋的。

毌丘起兵，子元病死

新上任的皇帝曹髦对司马师言听计从，司马师对曹髦也是顺水推舟，君臣二人暂时确立了一种双方都能接受的君臣关系。但是，朝堂上这种波澜不惊的状态，很快就发生了改变，曹髦上台仅三个月，一场规模空前的拥曹反司马的斗争又打响了。

此次拥曹反司马的是毌丘俭。毌丘俭（？～公元255年），字仲恭，河东闻喜（今山西闻喜县）人。他是曹魏著名的将领，曾参加过多次重大战役，战功卓著。毌丘俭踏平高句丽以后，就被任命为左将军，假节监豫州诸军事，并且领豫州刺史，成为曹魏西南地区的最高军事长官。

在魏明帝的时候是明帝的亲信，他曾经上书魏明帝劝谏明帝不要大兴宫室，他说："诚使二贼不灭，士民饥冻，虽崇美公室，犹无益也。"就是说吴蜀不灭，你盖什么宫室啊，没意思。后来，历任荆州刺史和幽州刺史，并踏平了高句丽。到嘉平四年（公元252年），吴国诸葛恪兴起东关战役，身为曹魏镇东将军的诸葛诞惨败于从侄吴国的诸葛恪手下。（《世说新语·品藻》记载："诸葛瑾弟亮，及从弟诞，并有盛名，各在一国。于时以为'蜀得其龙，吴得其虎，魏得其狗。'诞在魏与夏侯玄齐名；瑾在吴，吴朝服其弘量。"）东关战役以后，司马师把原来在豫州的毌丘俭与诸葛诞对调，由毌丘俭负责曹魏东南军事；诸葛诞负责曹魏西南军事。

毌丘俭本来与李丰、夏侯玄等人私交很好。正元元年（公元254年）司马师的大肆杀戮，那二人因参加废司马师事件而被杀。这让毌丘俭有唇亡齿寒之感，引起了他的不安，思前想后，自己还不是司马家的贴心人，也许很快的，司马师的屠刀就会架到自己的头上。

曹魏的东南从王凌算起，说来也很奇怪，一直就处于动荡之中。嘉平三年（公元251年），太尉王凌"谋反"；嘉平四年（公元252年），魏吴东关战役，魏国大败；嘉平五年（公元253年），魏吴新城会战，吴国大败；接着到了正元元年（公元254年），毌丘俭和下属扬州刺史文钦密谋讨伐司马师。

此时的司马师之心，也是路人皆知的了。他不仅随意诛杀不如己意的大臣，而且，对皇帝也随意废黜。曹魏所有的诸侯王都被软禁在邺县，中央军完全掌握在司马氏手里，地方军也遍布司马氏的爪牙，更有无数的眼线充斥在皇宫内外，大街小巷。曹魏王室已有累卵之危，此时的司马师也不再需要其父司马懿那条儒道的遮羞布，对曹魏王室已是赤裸裸的相逼。

司马师用杀伐之举逼迫曹魏皇室顺从，也是在逼迫天下士人归心于己。

与王凌的儿子王广不同，身在朝中的毌丘俭之子毌丘甸，却显示出对世事的担忧和焦灼，他给父亲写信说："大人你作为一方诸侯，朝廷目前如此危机，你如果还好像无所事事的话，那真的就要被天下人所责备了！"毌丘甸是在以大义责让自己的父亲。

这更坚定了毌丘俭推翻司马师统治的决心。

而与他一起起兵的扬州刺史文钦，是何许人呢？文钦，字仲若，和曹操同乡。其父文稷是东汉末年的名将，以勇力著称。文钦才武超群，是"壮勇高人"，颇有名气。但是，文钦性格有缺陷，那就是刚暴无礼，目中无人，不听上司的话，魏明帝曹叡不喜欢他。后来，他升为淮南牙门将、庐江太守、鹰扬将军。当时，王凌曾经上奏朝廷，说文钦不宜镇守边境，要求朝廷把文钦免官治罪。曹爽为了拉拢军方实力派，又因文钦是老乡，不仅没治文钦的罪，而且还让他继续留任庐江，并加冠军将军。曹爽被杀以后，司马懿为了安抚文钦，又加封其为前将军，后来，他代替诸葛诞为扬州刺史。自从曹爽被杀以后，文钦一直因为与曹爽关系亲近而心怀不安，但是，他与自己的顶头上司诸葛诞不和，所以，没办法合谋反叛。后来诸葛诞和毌丘俭对调，文钦就与毌丘俭结谋，计划推翻司马师。

正因为文钦和曹爽的关系不错，他对司马氏恨得咬牙切齿。他和毌丘俭联合起兵的目的很明确，就是反司马氏专权，要求政归曹氏。为了使出兵名正言顺，他们也"矫太后诏"，即伪造郭太后的命令发布檄

文，列出司马师的种种恶行，声讨司马师。为了振奋士气，毌丘俭在寿春城西筑坛，将士歃血为盟——举行出征誓师大会。

正元二年（公元255年）正月，毌丘俭、文钦率领六万军队，从寿春北上，渡淮河，占领项县（今河南项城）。毌丘俭在后面助阵，文钦在前面进攻。为了稳妥，毌丘俭还主动把自己的四个儿子当成人质送到东吴，以求东吴的支持，同时，也是给自己留条后路。他想，一旦起兵失败，必然被夷族，把儿子送到东吴，也是给自己保留血脉。

司马师得到毌丘俭起兵的消息，赶忙召见河南尹王肃研究对策（河南尹是河南郡太守，因为河南郡为京师所在地，比其他地区重要，故称河南尹）。王肃分析形势，说：当年关羽攻打襄樊，势头很猛，但孙权从背后袭击他，将他的家属抓了起来，以至关羽无心再战，很快失败。现在毌丘俭、文钦等人的家属都在洛阳，我们只要把他们控制住，同时加强防御，使他们不能前进，用不了多久，"必有关羽土崩之势"。

原来曹魏有一个制度，将帅在外出征或镇守，"皆留质任"，就是留家属作为人质，淮南部队由内郡派遣，所以其家属"皆留质任"。

司马师一听觉得有理，于是下令采取措施，将淮南军的家属控制起来。消息传出，对起兵军队起到了很大的威慑作用。

面对这种形势，司马师要不要亲自挂帅出征呢？当时司马师正好有病，"目有瘤疾"，就是在眼睛旁边长了个瘤子，疼痛难忍，刚做完切除手术，还没完全康复。有人建议，由他叔叔司马孚率兵，但王肃、傅嘏、钟会等人不清楚司马师眼上的瘤子问题有多严重，认为司马师应亲自率军讨伐，他们说这是关键时刻，若"大势一失，则公事败矣"。司马师一听这话，"蹶然而起"——不顾眼疼，猛地站起来，大声说："我请舆，疾而东！"意思是说，我就是坐在车上也要上前线！

司马师的眼病的确很重，其实他不去前线，在后方指挥也完全可以。但在众将领的请求下，他决定亲自挂帅，领兵出征。

司马师下令各地增援的部队集中到陈郡、许昌一带，以荆州刺史王基为先锋，司弓师亲率主力紧随其后，军队到达项城附近的隐水，和叛军对峙，决战一触即发。

王基建议司马师迅速采取军事行动，速战速决。司马师却有些犹豫，估计是他的眼疼折腾得他太难受，有些心神不定；二是当时已控制了淮南军的家属，有的士兵因害怕投降了，他想再拖延些时间，让更多的人投降，以便打仗省点儿劲。王基有些着急，他决定自己率兵行动，他说："将在军，君命有所不受！"于是率领一支军队攻下了南顿。南顿在项城西面，地理位置重要，占据南顿有利于控制战场主动权，司马师后来也同意了王基的做法。

双方相持了一段时间后，司马师觉得可以决战了。于是设计：先派兖州刺史邓艾率万余人屯守乐嘉，做出进攻的样子，吸引文钦前来攻打。司马师则带大军暗中接应，连夜悄悄赶来，与邓艾会合。这一切做得很隐蔽，文钦对此并不知道，还以为乐嘉只有邓艾的万余军队，决定趁夜偷袭。文钦有个儿子叫文鸯，年仅十八岁，英勇善战，"勇力绝人"，他对文钦说："趁着司马师的军队还没站稳脚跟，赶快出击，就可以一举打败他们！"于是就将军队分为两支，他和文钦各带一支。文鸯行动快，首先冲入司马师的军营，士兵高声叫喊，气势很盛。司马师

谋并天下

晋朝开国奇谋

虽然对文钦军队的进攻有所准备，但没想到会来得这样快、这样猛，他被外面的声音吓了一跳，突然，感到眼睛剧烈疼痛，赶忙用手捂住，又感到手里热乎乎的像流出了什么东西，再一看，是个眼珠子！原来他那个长在眼旁边的瘤子切除了，但伤口还没愈合，一着急又裂开了，喷出的血硬是把眼球给带出来了。司马师疼得钻心，几乎昏了过去。但是为了不扰乱军心，他紧咬牙关，一声没吭，"蒙之以被"——赶忙把被子蒙在头上，剧烈的疼痛使他把被子都咬破了。此时，外面喊杀声响成一片，双方交战，难解难分。司马师强忍剧痛，指挥作战，由于灯光昏暗，就连左右亲近都不知道司马师已经没了一只眼睛。

由于文钦的军队没有及时赶到与文鸯的军队会合，文鸯虽然英勇善战，但由于司马师的兵多势众，文鸯渐渐抵挡不住，战到天明时分，文鸯被迫率军撤退。

毌丘俭在项县得知文钦父子吃了败仗，顿时感到前景不妙，自己的军队根本不是司马师的对手，与其等着被消灭，不如一跑了之，保住性命。他想回寿春，因为寿春是他的根据地，就问部下，寿春是否可回？部下告诉他，在他们离开寿春、北上淮河的时候，司马师就已经派兵从后路把寿春给拿下了，也就是说，他没有后路了。毌丘俭感到大势已去，无计可施，决定以走为上吧，于是扔下部队只身一人逃走了。他一跑，手下的将领也四散而逃，将领没了，士兵感到大难临头，顿作鸟兽散，毌丘俭的叛军很快消失了。

而此时的文钦也无路可退，父子两个一商量，干脆投降吴国吧。

毌丘俭呢，他跑到哪儿去了？他没有目标，一路瞎跑，跑到一个叫慎县（今安徽省颍上县北）的地方，精疲力竭，怕被人发现，就躲到一条河边水草中休息。他的狼狈相，早就被人盯上了，一个叫张属的人，一看这人披头散发，惊慌失色，一路狂奔，他想这人准不是好人，冲上去拔刀就砍，并把人头割下带到洛阳请功，一验正是叛乱首恶分子毌丘俭，此人因此立了大功，后被封为侯。

之后，诸葛诞被重新任命为镇东大将军，"仪同三司"（派头跟三公完全一样）。

到此为止，"毌丘俭、文钦之叛"被彻底平息。和当年司马懿平定"王凌之叛"一样，司马师也没费多大力量就平息了这场叛乱，这是为什么呢？主要是双方力量对比悬殊，司马氏家族在朝廷经营多年，权势显赫，跟随者很多；司马师又亲自率兵抵达前线，鼓舞士气，无论用兵、用计，毌丘俭都没法和司马师相比，他的败亡已在情理之中。

毌丘俭、文钦之叛被平定以后，对参与叛乱的人员如何处置，考验着司马师的政治智慧和谋略。按照以往平叛的经验，参与叛乱的人员一般多是面临被斩首、被夷族这样的惨烈结果。但是，让人称奇的是，司马师对这次参与叛乱的人员，只将其中的首要人物十数人斩杀，其余的都予以释放。司马师为什么会这么做呢？第一，可能是这次叛乱虽然来势汹汹，但是没有酿成大祸，一次战斗就基本解决了问题，用不着大开杀戒；第二，司马师也想通过这件事来收揽人心，树立个好形象吧。

然而，这次司马师是带病出征，忍受着极大的痛苦，虽然战争最终取得了胜利，但司马师却付出了太大的代价，丢了一只眼睛，身心受到极大的损伤。在班师回朝途中，路经许昌，因伤口感染，病情恶化，结果不治而亡，时年四十八岁。

司马师是继司马懿之后在曹魏专权的第二代，他虽掌权仅四年，但经历的政敌反抗事件却比司马懿多。司马懿仅粉碎了"王凌之叛"，司马师则不仅平定了李丰、张缉之乱和毌丘俭、文钦之叛，还废曹芳，立曹髦。这一系列的事件都显示，要取代曹魏，不是一蹴而就的事，还要经历更多的风雨。

司马师死后，其弟司马昭接替了他的职务，任大将军兼侍中、都督中外诸军事，并辅政。司马氏家族的专权之路，依然面临着严峻的挑战。接下来的几年中，司马昭延续父兄的战略，一边整合家族在全国的统治力量，一边寻找着进一步夺取皇位的时机。

子上执政，粉碎兵变

司马昭，字子上，是司马师的弟弟，比司马师小三岁。年轻时，他曾随父亲出征，抵御诸葛亮北伐。正始初年，任洛阳典农中郎将，主管屯田。在任期间，他"蠲除苛碎，不夺农时，百姓大悦"，显示了不凡的才干。正始五年（公元244年），司马昭跟随曹爽伐蜀，任征蜀将军，军事才干得到了锻炼。

正元二年（公元255年），司马昭任卫将军。这一年司马师病逝。最初，司马昭得知哥哥司马师病重的消息，立刻意识到军队的重要性，他暂时放下中领军的差事，急急忙忙地从洛阳赶到许昌军中。

司马师在军中任命弟弟司马昭为总统诸军——说不上是一个正式官

位，倒像是一个临时想出来的名词。而此时，朝廷方面对于司马师的健康也十分关注，司马师病危的消息很快就传到了宫中。

自从废黜曹芳以后，过去一直是盟友的郭太后，似乎与司马家也出现了一丝不快，而新上任的皇帝曹髦虽然年轻，也不甘心屈服于司马氏。等司马师去世以后，宫中立刻传来了诏书，要求尚书傅嘏、黄门侍郎钟会带领大部队回到洛阳；而命令卫将军司马昭驻守在许昌防备寿春方向。显而易见，在这紧要关头，朝廷是想趁机收回一直牢牢控制在司马氏家手里的军权。

但是，从司马懿开始，傅嘏和钟会就已经是司马氏家族的心腹近臣，曹髦此举无疑是毫无结果的。傅嘏和钟会经过商量，很快达成一致，并将此事直接向司马昭作了汇报。

同时，建议司马昭一边给朝廷写奏表，说明与大部队一起回洛阳的原因，一边不等朝廷的批准，由其直接带着部队回到洛阳，驻扎在洛阳城南。司马昭得知后，怎么办？当时他有两个选择：第一，听从朝廷的安排，不去洛阳。可是，如果他这样做，朝廷很可能另安排辅政大臣。那样的话，司马氏家族的权势极可能会丧失殆尽，司马懿、司马师的苦心经营会前功尽弃，司马昭绝不容忍！第二，带领军队，杀进洛阳，举行兵变，废掉曹髦，独掌大权。但这样做的时机还不成熟，必然会引起天下哗然，成为众矢之的。

后来，司马昭决定来一个不理不睬，装傻充愣，领兵直接回洛阳再说。回到洛阳后，他将军队布置在皇宫周围，就直接进宫向皇帝报到，好像他根本不知道朝廷让他在许昌镇守一样。

司马昭说干就干，带军队回到洛阳后，直接入宫，突然站在了曹髦的面前。曹髦一见司马昭这阵势，马上就软了，再也不敢提让他留守许昌的事了。曹髦心里明白，你司马昭往这儿一站就是对我的威胁呀，我敢惹你吗？

司马昭既然来了，总得安排工作吧。新登基的高贵乡公曹髦无奈，再不册封司马昭，曹髦自己就有性命之忧，他只得于正元二年（公元255年）二月封司马昭为大将军兼侍中、都督中外诸军事，并辅政。曹魏大权依旧为司马氏掌控。

可见，司马师之死，对司马昭来讲，是失去了一个亲哥哥；对皇帝曹髦来讲，无疑是少了一个控制他的人，他是真的不喜欢司马家族啊！

司马昭知道，曹氏集团已越发衰败，从曹芳到曹髦，都撑不起大业。但真正取代曹魏，还要多做工作，打好基础，不能过分张扬，以免树大招风。因此，当皇帝曹髦效仿以前拉拢司马家的做法，对司马昭加九锡、剑履上殿等优待时，司马昭依旧"固辞不受"，显得比较低调。尽管如此，但司马昭对朝政大事却毫不含糊，紧抓不放，他不重外在的名誉，他注重的是实际的权力。同时，司马昭也很清楚，反对派绝不会善罢甘休的，他们肯定还在暗中行动，祸乱早晚会冒出来的。

果然，甘露二年（公元257年），又爆发了以反司马氏为目的的兵变，这就是诸葛诞之叛，地点还是在淮南。在此之前，淮南曾有公元251年的王凌之叛、公元255年的毌丘俭、文钦之叛，这次是第三次了，故史称"淮南三叛"。为什么三次军事叛乱都发生在淮南这个地方呢？因为淮南地处曹魏的最南端，现在的安徽寿县一带，紧靠东吴。由于这个地区的军事地位很重要，所以朝廷一般都用重臣、重兵把守。

诸葛诞，字公休，琅邪阳都人，是蜀国丞相诸葛亮的从弟。魏明帝

时期，因诸葛诞与夏侯玄、邓飏等人友善，共为浮华之友，被免官。正始初年，曹爽执政，任命诸葛诞为扬州刺史，加昭武将军，后转为镇南将军。毌丘俭、文钦反叛的时候，诸葛诞率领荆州之军参与了讨伐二人的军事行动，并抄了毌丘俭、文钦的老巢寿春。毌丘俭、文钦败后，寿春军民十余万户躲避战乱逃往深山，司马昭以诸葛诞久在淮南，又任命他为镇东大将军、仪同三司、都督扬州。

按说，诸葛诞开始的时候，还是效忠于司马氏集团的，他协助司马师平定毌丘俭、文钦之乱就是明显的例证，但是，诸葛诞为什么又突然起兵造反了呢？

诸葛诞起兵，有这样几个原因：

其一，诸葛诞是曹魏的老臣，属于拥曹派，在朝廷中颇有威望。司马昭很想拉诸葛诞站到自己这一边，以得到更多的支持。为此，司马昭曾派亲信贾充以慰问为名，到淮南去见诸葛诞，试探他的态度。贾充见到诸葛诞，问道："洛中诸贤，皆愿禅代，君以为如何？"——现在洛阳朝野都觉得曹魏可以禅代了，你以为如何？

诸葛诞一听非常生气，立即板起脸，厉声对贾充说道："卿非贾豫州子乎？"——你贾充不是贾豫州的儿子吗？这贾豫州是贾充的父亲，叫贾逵，曾经担任过豫州刺史，故人称贾豫州。贾逵是曹魏的忠臣，死后被立庙祭祀。诸葛诞接着说："你们家世代都受恩于朝廷，你们难道愿意把魏家的天下给别人吗？这是我不能接受的，如果洛阳有难，我当以死相救！"诸葛诞的话，态度坚决，斩钉截铁，说得贾充哑口无言，只好回去向司马昭汇报了。

以此可见，诸葛诞对司马昭企图代魏，是持坚决反对态度的，并且表示以死相抗，这使司马昭很失望。

其二，诸葛诞与被司马氏杀掉的夏侯玄、邓飏关系很好，但他们都被司马懿杀掉了。后来，王凌、毌丘俭等也相继被杀。诸葛诞一想到这些事，心里就发毛，"内不自安"，感到前景不妙，于是产生了起兵造反、与司马昭拼个你死我活的念头。

主意拿定，先做准备。为得到民众的支持，他在寿春开仓赈济，发放粮食，笼络人心；还在民间训练了死士数千人。因淮南靠近吴国，他以吴军将发兵进攻为借口，向朝廷提出增兵十万，实际是想加强自己的军事力量，以便和司马昭抗衡。

司马昭得知诸葛诞的态度和举动，认为他迟早必有一反，必须及时采取措施把他控制住。这时，贾充对司马昭建议说："诸葛诞在扬州素有威名，名望所归。现在不如招其进京，借机解除他的兵权，虽然他可能造反，但还是小乱；事迟，则祸大。"司马昭接受了贾充的建议，任命诸葛诞为司空，赴洛阳任职。司空是三公之一，从职位上看是高官，但实际权力并不大。诸葛诞一见诏书，就明白了司马昭的意图。此时，司马昭与诸葛诞的矛盾已经表面化了，如果回到京师，自己势必要在司马昭的卵翼之下终老一生，甚至还有可能被司马昭所杀。诸葛诞接到诏书以后，对下属说："我做三公也只能在征南大将军王昶之后，怎么现在就给我三公的高位！朝廷不派遣正式的使者，而只是派来善走之人送信，就让我将兵权交给乐綝，这肯定是乐綝的诡计。"

于是，诸葛诞干脆一不做二不休，起兵和司马昭拼了。他首先采取了以下措施：

首先，诛杀乐綝。据《魏末传》记载，请自己的牙门将置酒饮宴，

并且也请牙门将带来的士兵一起喝酒，直把全部的人都灌醉，然后对众人说："当初刚刚做好千余人的铠甲兵杖，本来打算为国效力，今天被朝廷征召回洛阳，以后再也用不了兵杖了，想暂时带人拿着你们的兵杖出去玩耍一回，一会就还你们，你们都在这里等着。"诸葛诞素来礼贤下士，自己养了很多游侠刺客，都是武艺高强的人，于是诸葛诞带着这些死士和亲兵共七百多人，拿着牙门将士带来的兵杖，走出军营。

扬州刺史乐綝闻讯，赶紧关闭了城门，诸葛诞到南门大声说："我应当回洛阳，只是带人出来暂时游戏一下，扬州城为什么闭门？"到东门，东门也关闭不开。于是诸葛诞命令自己带的兵爬上城墙，攻破城门，因风放火，焚烧府库，趁乱把乐綝给杀了。

其次，上书朝廷。称："臣受国恩，统兵在东，乐綝却诬陷我与吴国往来，又扬言要代替我的职位，我愤恨他不忠，于本月（应为五月）六日，率七百人将其斩首，现将人头送上朝廷。我对国家忠心耿耿，如果朝廷明白我的真心，我还是魏国之臣；如果朝廷不明，我还是吴国之臣！"

第三，集结军队。诸葛诞立即下令将淮河南北的十几万屯田部队，迅速从驻地集结到寿春城，并将扬州刺史乐綝手下的四五万部队也全部集结，往城内囤积了足够全体军民食用一年的粮食，固守寿春。

第四，请求外援。为防备司马昭的打击，诸葛诞又派遣长史吴纲与儿子诸葛靓同去吴国称臣，并以手下将领的子弟作为人质，请求吴国援军。吴国得知诸葛诞投降，不禁大喜，立即任命诸葛诞为左都护、大司徒、假节、骠骑将军、青州牧、寿春侯，命令文钦、唐咨、全端、全怿率兵三万，作为先头部队，前来解救寿春。吴国的三万增援部队在司马

昭还没有完全围住寿春的时候，抢先进了寿春城。

司马昭听到诸葛诞反叛的消息以后，立即做出反应，他命令因平定毌丘俭、文钦兵变而升为豫州刺史的王基，以豫州刺史身份代理镇东将军，都督扬州、豫州军事，作为讨伐军的先头部队朝寿春进发，并请求皇帝曹髦御驾亲征。因为，此时的司马昭已分身乏术，如果自己去了前线，洛阳他不放心；可如果自己在洛阳看着皇帝，前线更是不放心。只有把皇帝也带在身边。这次，司马昭没有急于进攻，而是征发了几乎能够征发的全部兵力——二十六万大军，朝寿春压来。

司马昭率领军队到达丘头（今河南沈丘东南），立即派镇东将军王基及安东将军陈骞包围寿春。这时，文钦率吴军乘围城未合，突入城内助守，实力大增。面对这种情况，司马昭采取围而不攻、消耗城中资源、使其困败的战术。他命令王基带领军队在寿春城外围城筑垒，阻止诸葛诞的军队出城；又派监军石苞、兖州刺史州泰等率领部队，观察形势，防备吴军前来增援。

这时吴国分析形势，认为进攻曹魏的机会到了，可以乘势再增兵援助诸葛诞，一举击败司马昭。于是派将军朱异率军北上，途中与石苞相遇，未能取胜。吴国仍不甘心，又派大将军孙綝和朱异分别率军再次北上，援救寿春。朱异再次战败，孙綝一怒之下斩朱异以卸责，退兵还吴。

从六月到九月，东吴逐渐派出共计八万救援部队，但都遭到惨败，事到如今，寿春的外援已经没有了。

此时，司马昭说："朱异未能抵达寿春城下，并非他的罪过，而孙綝却将其杀掉，目的只有一个，那就是向诸葛诞谢罪，让其固守寿春。目前，我们所要做的就是：一要巩固寿春前线的阵地，防止敌人逃跑；

二要派出奸细多方误导敌人，让其坚信吴国的援军还会到来，不至于狗急跳墙。"

于是，司马昭派出奸细说："吴国大兵就要来了，司马昭的部队已经没有吃的了，很快就要去淮北就食去了。"寿春城内诸葛诞的守军开始放心大胆地吃喝，结果，到了这一年的十一月，城内慢慢开始缺粮了，而吴国的救兵却迟迟不见踪迹。

这时候，诸葛诞的两个部将蒋班、焦彝对诸葛诞说："朱异等以大众来救援却被阻挡不能进，孙綝把朱异杀了，自己却退回了江东，表面上是说，回去征发部队，实际上看来，他不过是想坐山观虎斗。现在趁着大家还团结一心，士卒还能为我所用，我们集中力量，进攻魏军围堑的一面，突围出去，虽然可能有伤亡，但是肯定能冲出去。"

蒋班、焦彝的意见是趁着目前士气还很高，突围到吴国去。

然而，这个意见遭到了已经是吴国将领文钦的坚决反对，文钦向来自持武艺高强，从来不把他人放在眼里，他以为："吴国肯定是和我们一心一意的，根本不存在坐山观虎斗的问题，理由是：我文钦和吴国的全端等将率领三万吴兵，和你诸葛诞一起守在这座孤城里，是铁了心要和你一起战斗到底的，即使吴国的大将军孙綝要坐观成败，但是，这三万吴军的家属可都是在江东的啊，他们能答应不来救我们吗？更何况，魏国军民都很疲惫了，现在再让他们围困我们一年，他们内部肯定有人要生出异心，叛变的事情肯定就快要发生了。"

文钦还是着眼于胜利，而蒋班、焦彝则是着眼于小败，突出重围，留下活命。

因此，双方根本谈不到一起。

蒋班、焦彝多次劝说诸葛诞，文钦大怒。虽然两个人是自己的心腹，但是诸葛诞不得不顾及吴国将领的感受，同时，诸葛诞因为小事要诛杀蒋班，两个人一合计，干脆投降司马昭得了！

诸葛诞的心腹大将都投降了，而且，还没等文钦说风凉话，文钦带来的吴国全怿等将也率领自己的部下越城投降了！

文钦盘问之下，才知道：原来全怿的两个侄子全辉、全仪与族里人闹矛盾，就带着家属离开建业，投降魏国。魏国的司马昭大喜，将计就计，让钟会假作全辉、全仪寄给全怿的书信，带到城内，上面写着，吴国皇帝恼怒全怿等人不能得到寿春，要杀掉我们全家人，所以，我们才逃到魏国。全怿接到"家信"，信以为真，就越城投降了。

蒋班、焦彝、全怿等人的投降，使寿春城内的军心开始不稳。

司马昭对寿春的包围，一直延续到第二年（公元258年）正月，诸葛诞感到有些支持不住，再不突围，城中粮食就不够用了。于是，指挥军队向城南突围，司马昭命令军队严防死守，阻击叛军。双方激烈拼杀，诸葛诞军队伤亡惨重，突围不成，只好败退而归，回到城里。这时有一个让诸葛诞没想到的问题出现了，原来他估计可以使用一年的粮草已经不够了，城中的粮食越来越少，士兵吃不饱，饥饿难耐，为了活命，不少人偷偷出城，投降了魏军。

怎样解决粮食不足的危机呢？文钦出了个主意，他向诸葛诞建议，让诸葛诞把北方的军队都遣散出城，以节省粮食，留下他与吴军一起坚守。这等于把诸葛诞的军队解散，只留诸葛诞和文钦带领的吴军一起守寿春，这不等于把诸葛诞吃掉了吗？诸葛诞原来和文钦的关系就不好，一听这话就急了，两人争吵起来，争吵中诸葛诞情绪失控，一刀就把文钦砍死了。文钦的两个儿子文鸯、文虎见老爹没了，担心诸葛诞再杀他们，就连夜出城投降了司马昭。

文鸯、文虎的投降，对司马昭真是求之不得的好事，司马昭为瓦解寿春守军的军心，用了一个计谋：他不仅宽恕了文鸯、文虎，还任命他们为将领，率领数百士兵在寿春城外巡视。守城将士见到这一情景，人心浮动，认为大势已去，无心再战。司马昭抓住这一有利时机，立即下令从四面发起攻击，经过一场激烈大战，寿春失守，守城士兵四散而逃，诸葛诞在突围时也被杀死。

经过八个月的苦战，诸葛诞的兵变终于被平定下去了。之后，司马昭采取了与自己父亲、哥哥不一样的怀柔策略，对于投降的吴国将领，即使走投无路投降的如唐咨、王祚、文鸯、文虎等都封了官职；对投降的吴国士兵一个不杀，全部安置在附近郡县；对于淮南被诸葛诞胁迫的军民全部赦免。司马昭的这种做法，使诸葛诞叛乱的消极影响降低到了最低限度。

这时的司马昭，知道得天下先得人心的道理，取代曹魏是早晚的事，眼下还是先做些笼络人心、树立良好形象的事吧。他这样做，虽有作秀之嫌，但不杀降卒，总是一件好事。司马昭在平定诸葛诞之叛后，在朝廷上的权势进一步稳固。回到洛阳不久，即被封为晋公，食邑八郡。

这次规模空前的战役，对于魏吴两国都产生了深远的影响。一是，司马昭的地位得到了巩固。人们在平叛中看到了司马昭驾驭全局的能力和军事才能，也进一步提高了司马昭的威望，甘露三年（公元258年）五月，曹髦以并州的太原（今山西太原）、上党（今山西长治）、西河（今山西汾阳）、乐平（今山西昔阳）、新兴（今山西忻州）、雁门

（今山西右玉），司州的河东（今山西永济）、平阳（今山西临汾）共八郡，方圆七百里，封给司马昭，并封其为晋公，加九锡，进位相国，并且允许晋国自行设置官职。但是，司马昭拒绝了。二是，孙綝的地位受到动摇。此次解救寿春，破军杀将，让孙綝的声望降低到了最低点，孙綝还想挽回败局，又想派弟弟孙恩去解救寿春，但寿春已败，只好不了了之。继而孙綝为了巩固自己的地盘，加强了对吴主孙亮的控制，与孙亮的矛盾日益加深，于是，就在寿春之役过后半年，十六岁的孙亮设计诛杀孙綝未果，被废黜，孙綝迎立孙权第六子、孙亮的哥哥琅邪王孙休为帝。三是，吴国军力进一步削弱。经过此次战役，吴国再也不能对魏国构成大的威胁，也能让司马昭腾出手来，专心对付时时骚扰自己的蜀国，一个讨伐蜀国的战略构想也逐渐在司马昭的心中形成。四是，一批忠诚于司马家的年轻将领脱颖而出。这些人与曹魏皇帝没有一点感情纽带，他们的发迹都来自司马家的关照，他们理所当然地对司马家感恩戴德，也从心底里希望司马家能够代替曹魏登上皇帝的宝座，这些人很快地被司马昭发现，并派驻到各地掌握着地方的军政大权：甘露四年（公元259年），司马昭把荆州一分为二，分别安排了二个都督，王基镇守新野，州泰镇守襄阳；任命石苞都督扬州，陈骞都督豫州，钟毓都督徐州，宋钧监青州诸军事。

至此，曹魏皇帝曹髦成了名至实归的傀儡。

第五章
觊觎大宝，夺位登基

一般来说，称古代某个政治家有野心，多指其有取代政权或篡位之心，这种野心的萌生和实现多半与时局有关系。而司马家族的政治野心，是后来随着曹氏与司马氏之间矛盾的不断发展，才渐渐显现出来的。由于曹操死后，曹家的皇帝一代不如一代，这就更容易使权臣产生非分之想。终于，司马氏经过两代三人（司马懿及其两个儿子司马师、司马昭）的不懈努力，到司马懿之孙司马炎之时，终于把曹魏政权完全夺到手中，建立了西晋。

觊觎大宝，杀死曹髦

平定诸葛诞的淮南之叛，对司马昭执政地位的巩固至关重要，同时更助长了他的野心。可谓是"司马昭之心，路人皆知"。其实，假如平定此役失败，司马氏家族多年来的苦心经营就会前功尽弃。因此，司马昭不惜带着皇帝与皇太后大举出征，并以绝对优势兵力击败了诸葛诞。但是，刚刚松了一口气的司马昭却没有想到，接下来发生的一件事情更让他无路可退。因为这一次的对手，正是皇帝本人——傀儡皇帝曹髦要站出来和司马昭对抗了！

曹髦，字彦士，是魏文帝曹丕的孙子，东海定王曹霖的儿子。曹丕一共有九个儿子，曹霖是曹丕的仇昭仪所生。魏明帝曹叡即位后，因为父亲曹丕对曹霖很好，所以对弟弟曹霖也关爱有加。但是，这个曹霖却性格暴虐，残害了很多妻妾，此人在曹芳的嘉平元年（公元249年）就死去了，当时的曹髦才八岁。

曹髦有这样一个暴戾的父亲，童年时代的他是不幸的。但是，曹髦正如他的字一样，是一位好学上进的青年。《魏氏春秋》记载，司马师曾经问钟会，皇帝是什么样的人，钟会回答："才同陈思，武类太祖。"这应该是很高的评价。另外，曹髦还擅长丹青，他画的《黔娄夫

妻图》，被唐代张彦远《历代名画记》目为中品。其实，如果几年前曹芳没有被司马师废黜，他也不会被郭太后推举为皇帝，虽然曹氏逐渐败落，但曹髦也应该能够平平安安地度过一生。然而，不幸的是，在这个多事之秋，他却被阴差阳错地推举为曹魏的第四任皇帝。

曹髦和前面那个皇帝曹芳比起来，相当有头脑、有才华。比如，他对《易经》、《书经》很感兴趣，曾向太学博士淳于俊请教，几个问题就把这位博士给问得答不上来了。据记载，曹髦还是个画家，他有一些画作流传，很受好评。唐朝人张彦远在《历代名画记》中对曹髦评价说"曹髦之迹，独高魏代"，就是说在曹魏时期，他的画是水平最高的。

曹髦年龄不大，却很世故。在他即皇帝位之时，从外地赶到洛阳，群臣迎拜于西掖门南，曹髦在门口下轿，要向众位官员回拜还礼。礼宾官员阻拦说："礼，君不拜臣。"曹髦回答说："我并未登基，现在也是人臣。"最后，曹髦在城门口向群臣恭敬还礼。进城来到皇宫，止车门前，曹髦又下车步行。礼宾官员又说："天子有资格车驾入宫。"他又说："我受皇太后征召而来，还不知所为何事。"曹髦步行到太极东堂，拜见太后。曹髦谨慎得体、大方稳重的言行，赢得了朝野的称赞，史称"百僚陪位者欣欣焉"。

曹髦当了皇帝以后，深知自己有着艰巨的责任和担子。但自从曹髦于正元元年（公元254年）继位，到甘露三年（公元258年）司马昭平定诸葛诞的兵变，在这三年多的时间里，虽然曹髦也经历了毌丘俭文钦之乱、司马师之死和诸葛诞被杀，但总体上，曹髦并没有参与政事，而是在深宫中接受教育。《三国志·三少帝本纪》记载，曹髦正元元年（公元254年）十月继位到正元二年（公元255年）九月，学完了《尚书》。

《魏氏春秋》记载，到甘露元年（公元256年）二月，曹髦在太极殿东堂与群臣探讨学问，提出中兴夏朝的少康与创业之主刘邦，孰优孰劣的问题。这个命题隐含着"以德治国"与"以力得国"的优劣问题，也显示了曹髦要做一个中兴之主的决心。倾向于司马氏的群臣开始的时候，大都提出刘邦的地位要高于少康，但是，曹髦却认为少康给天下带来安康，以德教化天下，应该比创业之主刘邦更可贵。同年四月，曹髦又深入太学，对《易经》、《尚书》、《礼记》等内容进行了广泛的探讨。

史书还称，曹髦引王昶的侄子王沈、裴秀（被称为"后进领袖"）、钟会、王经等人多次在太极殿东堂，研究学问，并称王沈为文籍先生，裴秀为儒林丈人。表面上看，曹髦似乎不关心世事，醉心典籍。然而，作为曹氏子孙，眼睁睁地看着自己的国家被他人窃取，心里当然不是滋味，他与一些文学之士频繁探讨学问的同时，其实，也是在试图从中发现忠于曹氏社稷的人才。可是，在当时的政治环境下，曹髦的努力注定不可能成功。

刚刚上台的时候，司马师突然死亡，让曹髦看到了一丝机会。但是，自己拉拢钟会的努力一直没有半点作用，这个机会瞬间就被傅嘏和钟会化解了，他们竟然明目张胆地违抗圣旨，把军队交给司马昭，并与司马昭一起回到了洛阳。也是从这一次起，曹髦退缩了，不敢再有奢望，而也正是曹髦的这次出击，让司马昭不敢有丝毫的马虎。即使郭太后，他也不放心了，谁知道这些主意不是这个老婆子出的呢？因此，在应对诸葛诞叛乱的时候，司马昭不得不将郭太后和皇帝也都带到军中。

面对诸葛诞的反叛，曹髦内心深处多么想诸葛诞能够胜利，打败司

马昭啊！可是，事与愿违，司马昭老谋深算，一步一步地把诸葛诞逼到了死地。

而曹髦不得不又一次强颜欢笑，在司马昭诛杀诸葛诞之后，及时地把司马昭曾经驻屯过的地点丘头，改为武丘，以纪念司马昭的武功，并加封司马昭为相国、晋公。

得胜回来的司马昭与曹髦之间又开始了新一轮"你来我往"的太极推手。司马昭一直再三辞让，直到辞让了九次，终于没有当相国和晋公。

曹髦当然知道这只是司马昭的表演，他也对司马昭的这一套厌恶透顶。但是，司马家的人早已遍布朝廷上下，从高平陵之后，司马懿三父子早就不上朝堂了，而曹魏的政事全部都在司马懿父子的家中，这已成了多年的习惯，年轻的曹髦又能做什么呢？

曹髦是苦闷的。当时各处都传出井中见到黄龙的祥瑞，这些祥瑞似乎预示着什么。甘露四年（公元259年），当宁陵的井中再次出现两条黄龙的时候，群臣向曹髦道贺。面对着群臣，曹髦却说："龙代表着皇帝。如今，龙上不着天，下不在田，多次发现被困于井中，这并不是什么值得祝贺的。"并做了《潜龙诗》："伤哉龙受困，不能跃深渊。上不飞天汉，下不见于田。盘踞于井底，鳅鳝舞其前。藏牙伏爪甲，嗟我亦同然。"

司马昭看了曹髦的这首诗，内心十分厌恶。第二年，也就是公元260年，此年的曹髦已经二十岁了，在位将近六年，而曹髦与司马昭之间的矛盾也逐渐白热化了。当司马昭的亲信石苞被升官后，曹髦将他召到宫中，两人谈了一整天，但是，曹髦毕竟还年轻，一个人的心仅靠一天的努力怎能争取到？司马昭看石苞一直没有出宫，也很紧张，最后，只好派人进宫去催，石苞出来以后，司马昭详细地询问两人的交谈内容，石苞如实汇报，最后，还不忘加了一句，说："曹髦是一个不同凡响的人。"他是在提醒自己的主子警惕，估计在与石苞的谈话中，曹髦已经透露出要和司马昭摊牌的意思了。

独特的生活经历，险峻的政治形势，使极有独立意识的曹髦内心骚动不安，他实在不愿意再当傀儡被司马昭随意摆弄了，他要揭竿而起了。

公元260年五月的一天，曹髦把侍中王沈、尚书王经、散骑常侍王业叫到宫内，一见面，曹髦就向他们大诉苦水，并历数司马昭专权的种种行为。曹髦越说越愤激，不禁大声喊道："司马昭之心，路人所知也。我再也忍受不了他的羞辱了，不能坐等被他废黜。今日当与卿自出讨之。"——今天我就和你们一起去征讨他，把司马昭这个老贼干掉！

王经一听这话吓得浑身发颤，心想，你曹髦哪里是司马昭的对手呀！你跟他比试，这不等于鸡蛋碰石头吗？于是诚恳地劝谏道："当年（春秋时期）鲁昭公忍受不了专权的季氏，前去攻打，结果败走他方，失去国君之位，为天下取笑。现在国家大权操纵在司马家族已经很久了，朝廷上下到处都有司马家的亲信爪牙，人们不顾逆顺之理已非一日，皇上的宫廷宿卫兵少力单，这些军队怎么能够做你的依靠呢？一旦事情闹起来，就可能出现难以预料的灾祸，请皇上详加考虑啊！"王经的分析不但没有使曹髦冷静下来，反而使他更加愤怒了。他从怀中掏出早已写好的黄素诏，狠狠地扔在地上，厉声说："我意已决。即使事败身死，又有什么可怕的呢？更何况还不一定死呢！"曹髦说完这话，见这三个人还在那儿愣神，心里更急了，干脆不再搭理他们，跑到后宫，向郭太后打

了个招呼，就率领宫中宿卫、官僮数百人，敲起战鼓，冲出宫去。曹髦身披铠甲，坐在车驾之上，手持宝剑，大呼杀贼，激励士气。

这三王（王经、王沈、王业）见曹髦真的率兵冲了出去，都惊呆了，心想，你曹髦真是疯了，你打得过司马昭吗？王沈、王业决定去向司马昭报告，并归顺司马昭。他俩招呼王经一起去告密，说："事已至此，我等不能自取灭族之祸，应该前往司马公府自首，以免一死。王尚书愿同去否？"王经不愿意，回答说："主忧臣辱，主辱臣死。你们俩去吧，我不去了。"王沈、王业见劝不动王经，就快步出宫，抄小路报告司马昭去了。

说话间，曹髦带着兵马已出宫，直奔司马昭府杀来。行进间，正遇到司马昭的弟弟、屯骑校尉司马伷有事入宫，曹髦一见怒不可遏，本想杀了司马伷，但他想最主要的是杀司马昭，以后再收拾他也不迟。于是就挥舞着宝剑，大声呵斥谩骂司马伷。司马伷就几个人，也没有武器，赶忙逃避。曹髦觉得司马昭肯定也像司马伷一样不敢反抗，不禁有些得意。

这时司马昭已得知曹髦出宫的消息，并立即派兵前来迎击，带队的是他的亲信、中护军贾充。在皇宫的南门，曹髦与贾充相遇，贾充率领的是司马昭的精兵，训练有素，武器装备精良。再看曹髦这批人马，有内侍、宦官、禁卫军，穿戴不一，乱乱哄哄的，完全是一群乌合之众。

两支队伍相遇后，对贾充一方而言，毕竟眼前是当朝的皇帝，在皇权至上的时代，皇帝的威严可想而知，更何况曹髦手持宝剑，一边挥舞，一边高喊："我是天子，谁敢拦我！"情绪亢奋，抢着剑左右乱砍。司马昭手下的将士见小皇帝亲自上阵，皇帝在人们心目中总是从容大度、不紧不慢的，谁也没见过这样的场面。大家又惊又怕，不知所措，只好小心躲避，不敢进逼。曹髦手下的士兵簇拥着皇帝，继续向司马昭府的方向前进。

这时，贾充的亲信、太子舍人成济赶忙问贾充："现在情况危急，贾大人您看该怎么办？"贾充大声对周围的人喊道："司马公养你们这些人，不就是为了今天吗？今天的事，你们都看到了，该怎么办，还用问吗？"人们听了这话都明白了，没问题，可以对皇帝动手啦！可是谁敢向皇帝捅刀子呀？这可是人命关天的大事啊！成济立功心切，想抢头功，一点儿也没有犹豫，举起戈就向曹髦猛刺过去。

曹髦毫无防守准备，他想：谁敢向我下手，除非他吃了豹子胆！万没想到，成济的长矛刺来，从前胸刺入，正中要害，鲜血喷出，曹髦当即身亡，时年二十岁。在中国历史上，皇帝在幕后策动政变的事不少，但亲自持刀上阵的却极为罕见。曹髦"有大成之量"，怀才不遇，不愿过仰人鼻息的生活，忍无可忍，终于铤而走险。不过他太天真了，就他那"十几个人，七八条枪"，怎能和足智多谋的司马昭抗衡？这件事真好比——飞蛾扑火，自取灭亡。

曹髦以自己年轻的生命，让司马昭等人落下了千古的骂名。

司马昭得知，故作大惊，他跪在地上说道："百姓该怎么说我！"太傅司马孚赶过来，趴在曹髦的腿上大哭，表现得十分悲哀，说道："陛下被杀，这是我的罪啊。"

这一赤裸裸的弑君行为，无疑让司马氏家族陷于被动之中。在稍后几天里，司马氏的智囊们想出了一系列的补救措施：

首先，让皇太后出面公开说明曹髦该杀。于是，皇太后很快就下了令，称高贵乡公对自己如何如何不好，自己早就想废黜他了，可大将军司马昭如何如何仁爱，一直不忍把他废黜掉，这孩子还用弓箭遥射我居住的宫殿，箭头就落在了我的脚下；我给大将军说过几十次，要把他给废黜了，估计皇帝本人也听说了，想用毒药把我毒死，可事情败露了，他就直接要带人杀我和大将军，幸亏王沈等及时报告，此儿为前锋所害等等。这个郭太后也真为难，她还"坚持"要用平民的礼仪埋葬高贵乡公，司马孚上书要求用王礼，太后同意了。但是，这些命令又有多少是出于太后之手呢？

其次，迅速埋葬曹髦，平息事态。在这一事件发生后，仅仅过了几天，曹魏朝廷就在洛阳西北三十里屈涧埋葬曹髦，陪葬品数车。老百姓聚在一起观看，说道："是前日被杀的天子。"有的掩面哭泣，悲不自胜。

第三，找个替罪羊，堵住天下人之口。事情发生后，司马昭就问尚书右仆射陈泰（陈群之子）该如何处理。陈泰说："只有杀了贾充，以谢天下才成。"司马昭接着问："你再替我想想其次的招。"陈泰说："要求诛杀贾充已经是我的底线了，我不知道还有其次的。"陈泰在郭淮死后，就担任征西将军、都督雍凉诸军事，为司马氏家族立下了汗马功劳，但是，陈泰还是继承了陈家的门风，他扶在曹髦的尸体上痛哭流涕，由于悲伤过度，竟当场哭死了。

第四，处理事件中的各色人员。三个在皇帝身边的近臣，两个去给司马昭报信去了，只有王经追随着皇帝。事后，王经被司马昭处斩，一起被杀的还有王经的母亲，王经母亲说："人谁不死？就怕死不得其所，今天母子一起为国被杀，又有什么可遗憾的呢！"而报信的王沈则因功被封为安平侯。

高贵乡公曹髦公元254年十月即位到公元260年五月被杀，在位不过五年七个多月的时间。

找替罪羊，册立新君

心比天高、自以为有担当精神的曹髦死了。从整个事件的表面上来看，司马昭并没有登场，好像与他无关，只有亲信贾充知道这其中的秘密。当曹髦被杀的消息传出，朝廷出现了这样一幕：第一个出现的是司马昭，他得知消息后"大惊，自投于地"——非常悲痛。怎样理解司马昭的这一举动？有两种可能：

其一，是真害怕了。他要取代曹魏的舆论早已不胫而走，明眼人都知道，曹髦之死就是司马昭一手所为——你的狼子野心，已经变成了血淋淋的现实，纵然司马昭足智多谋，但干了这种缺德事，为千夫所指，总让他感到恐慌和不安。

其二，作秀之嫌。司马昭早已预料，只要曹髦发难，就要置他于死地，只有灭了不听话的曹髦，才有可能取代曹魏，所谓"大惊，自投于地"，完全是做给不明真相的人看的。

司马昭为了掩人耳目，司马昭不得不将凶手成济兄弟诛杀，并灭了他们的家族。当时，成济正站在司马昭一旁，可能还正在想着自己会

接受什么样的奖赏呢，万万没想到等来的会是这个结果。他急忙大嚷：
"成济只是奉命行事而已，罪不在我！"司马昭不等成济说出更难听的
话来，示意将他立即拖出去。兵士一拥而上，将成济架了出去——成济
兄弟，本来想贪图富贵，没想到自己却成了替死鬼，被司马昭像捏蚂蚁
一样给掐死，落得个家破人亡，骂名千载！足见政治斗争的残酷。而在
成济未被司马昭下令处死的几天里，贾充的母亲柳氏每次见到惶恐不安
到贾充家讨说法的成济，都是破口大骂，然而，老太太始终不知道，幕
后的真凶，正是自己那个不忠不孝的儿子贾充！

　　司马昭不惜以杀戮的办法击败了曹髦，实现了独掌大权的企图，
自己离皇帝的宝座越来越近了。为了更稳妥地取代曹魏，他又立了一个
小皇帝为傀儡。不仅如此，他还要在政绩上再展示才华，他要让人们明
白，不仅司马昭之心路人皆知，司马昭之才，也是天下第一。

　　在曹髦被杀以后，司马昭立即面临着一个册立新君的问题。

　　曹芳是曹叡名义上的儿子，而曹髦是曹丕的儿子李海定王曹霖的儿
子，可以说都是曹丕的直系后裔。然而，目前的状况是，曹丕一共生下
九个儿子：嫡长子魏明帝曹叡；其次曹协，早死，其子曹寻也于正始九
年（公元248年）就死了；老三曹蕤，青龙元年（公元233年）死去，以
琅邪王子曹赞过继为后；老四曹鉴，早死，无子；老五曹霖，其子之一
就是曹髦，另一子曹启继承本宗；老六曹礼，太和三年（公元229年）死
去，以任城王曹彰的孙子曹悌过继；老七曹邕，太和三年（公元229年）
死去，以任城王曹彰的另一个孙子曹温过继；老八曹贡和老九曹俨均在
曹丕活着的时候就早夭了。目前，真正在世的曹丕骨肉，也只有曹髦的
兄弟这一支了，而其他各支要么是过继，要么绝嗣。如今，曹髦的兄弟

自然应该排除在外，那么，曹丕系就没有一个合适的人选了。

这就必须从曹丕一系以外曹操其他儿子的后代中选择。

除了在曹丕系选择嗣君存在客观困难以外，还有另外一个隐秘的原因：那就是，在司马昭看来，大宗的子孙可能都以为继承皇位，是理所应当的，因此，维护皇权的责任心也比较重。比如，曹髦竟然用自己的生命去维护皇权，这样的结局确实不好收场。而司马昭需要的，不是激烈的对抗，而是平稳的过渡。

那么，对于册立那些皇室的旁系子孙，是不是要好些呢？对于他们而言，被立为皇帝，终于离开了几近禁锢的邺县，等于捡到了一个天上掉下的大馅饼。众所周知，曹丕对自己的兄弟们十分刻薄，过去，王凌企图拥立曹彪，也可以隐约看出，文帝系和曹操其他儿子系统对皇位的争夺。如今，这些侥幸当上皇帝的小宗皇孙，终于有了出头之日，应该对他司马昭感恩戴德，不至于像曹芳、曹髦他们那样不识好歹吧。

于是，司马昭决定从曹丕系以外的宗室中选择继承人选。

而司马师和司马昭兄弟似乎对曹操环夫人生的儿孙们情有独钟。曹操的环夫人一共生了三个儿子，老大就是大名鼎鼎的曹冲，可惜早死，只剩下老二彭城王曹据和老三燕王曹宇。在齐王曹芳被废的时候，司马师就想把曹据立为皇帝，只是因为论辈分问题，郭太后为了自身利益而坚决反对，司马师只好立了曹髦。几年下来，如今的司马昭又一次将目光投到了燕王曹宇的儿子曹璜身上。

早在五年前，在郭太后的努力下，曹髦得以继位。而五年后的今天，司马昭的势力已经今非昔比，哪还有一个人为曹氏说话？被杀的王经就是例子。

所以，在这一次，司马昭什么也没有说，只是所有的公卿大臣们说应该立曹璜。

郭太后也只好下诏同意。但是，这里面同样存在一个技术性问题，那就是，曹璜是做曹丕的儿子还是做曹叡的儿子。虽然曹璜的父亲曹宇与自己的堂侄曹叡年龄相仿，关系亲昵，但曹宇从辈分上讲，还是曹叡之妻、如今的郭太后的叔叔，在五年前，正是因为这个原因，郭太后坚决不同意。而今天，这个问题依然存在，按道理讲，曹璜是向郭太后叫皇嫂的，曹璜继承的应该是曹丕的皇位。

即便是司马昭再强大，也不能抛开郭太后，独自册立新皇帝，那么，要以太后的名义册立新皇帝，就还得让郭太后做她的太后，而不是皇嫂。这个看似无法解开的死结，很快就解开了，那就是：说服曹璜继承曹叡，也就是说，让曹璜问自己的堂兄曹叡叫父亲！

即便是这样，曹宇父子还是答应了。这一方面说明，司马昭的确已经威服海内，另一方面，也说明了司马昭为何对曹宇父子情有独钟，那就是，他看准了这一家的确很懦弱，也很窝囊。

于是，在曹髦被杀后一个月左右，郭太后下诏，以曹璜继承曹叡大统，同时改曹璜为曹奂。这当然还是司马昭的歪主意。表面的理由是：曹璜这个名字不好避讳。那改成什么呢？曹奂。奂与璜，一字之差。璜是黄王，奂是换。也许，司马昭是在时时刻刻提醒你：让你坐这个位置，可不是别的，为的是，让你换位呢！别像曹髦一样想得太多了，弄得大家都不好意思。

有趣的是，在决定下来之后，司马昭派到邺县迎接曹璜的正是自己的长子中领军司马炎，是否也在暗示要换给他呢？

曹奂的确很识相，也很配合。曹奂登基做的第一件事，就是下诏给司马昭进位相国，加九锡之礼，司马昭固辞不受。十分巧合的是，就在曹奂继位的同月，那位曹丕的妹妹、汉献帝刘协的妻子曹节去世了，曹丕从自己的妹妹曹节手中夺去了汉献帝的传国玉玺，曹节当时悲痛欲绝，曾经诅咒自己的哥哥，上天不会保佑他的国祚。如今，曹节终于目睹了曹丕创立的"曹魏政权"行将走到它的尽头，这是命运吗？

公元260年六月，朝廷为新皇帝曹奂举行了登基大典，这就是十五岁的魏元帝。曹奂是曹操的孙子燕王曹宇的儿子，同时也是曹魏的最后一位皇帝。通过其两位前任皇帝的下场（曹芳被废，曹髦被杀），曹奂深知自己的处境也好不到哪儿去。但是，曹家的气数似乎还未尽，曹奂还要再苦苦支撑一番。

曹奂继位以后，从景元元年（公元260年）到晋武帝司马炎泰始元年（公元265年）在位的五年多的时间里，他唯一时时刻刻放在心上的事情就是，隔三差五地发出诏书，请求给司马昭加九锡，封晋公，封晋王。公元261年八月一次，公元263年二月一次，十月一次，公元264年三月一次，在司马昭平定蜀国之后，他终于接受了晋王的封号。

自曹魏起正式废除了秦汉以来的二十等爵，实行公侯伯子男五等制度，黄初年间，定爵制为九等：王、公、侯、伯、子、男、县侯、乡侯（最初在乡侯之下还有亭侯，后省）、关内侯。王为皇室宗亲独有；公、侯、伯、子、男五等宗室、功臣都有，均有封地；县侯、乡侯、关内侯为功臣及子弟起家封爵，无封国，食租税。王至男视官一品，县侯视三品，乡侯视四品，亭侯视五品，关内侯视六品。黄初三年（公元222年）始封皇子为王，并封王之庶子为乡公，嗣王之庶子为乡侯，公之庶

子为亭伯；黄初五年改封诸王皆为县王，以县为国；明帝太和六年（公元232年）再调整，改封诸侯王，以郡为国。王国置相、都尉（以上五品）、傅、保、友（以上六品）、郎中令、中尉、大农、司马（以上七品）、家令（八品）各一人；公国职员如王国；侯国置相（八品，相当县令）一人以及家令、家丞、傅等家臣。因此，当曹奂给予司马昭王的封号的时候，已经意味着把祖宗家法背弃了，要把祖业让人了。

司马昭却一直显得很矜持，再三再四，甚至于十次八次地拒绝接受皇帝给予的恩宠。那是为什么呢？

司马昭想的是，要立下足以震慑住国人人心的功业，才接受水到渠成的晋王封号，瓜熟蒂落的果子吃起来才香甜。

灭蜀成功，声望日隆

魏元帝曹奂称帝后不久，便对司马昭封官进爵，任相国，封晋公，加九锡，极尽笼络之能事。但是司马昭对此并不感兴趣，他知道，曹髦之死已使他成为朝野的议论中心，如果接受这些官爵，更容易成为众矢之的。其实，司马昭更关心手中的实际权力，他追求的不是表面的官爵，他现在特别想干一件大事，既为曹魏扩大声势，也为司马氏取代曹魏铺平道路。这就是消灭蜀汉，统一西南。

司马昭为什么要发动灭蜀之战？他有无取胜的把握呢？

事实上，司马昭这样做，是建立在"知己知彼"基础之上的。

曹魏和蜀汉很早就势不两立。自刘备在诸葛亮帮助下占领蜀地，建立蜀汉后，就把北伐曹魏作为重要的战略目标，蜀汉和曹魏年年相攻，岁岁交战。正如诸葛亮在《出师表》中明确表示的："汉贼不两立，王业不偏安。"诸葛亮在世时，曾六次北伐中原，使曹魏疲于应付，经常处于被动局面。然而，在诸葛亮去世后，蜀国形势发生了一系列重要的变化。主要表现在以下两点：

第一，朝廷缺乏一流人才。且不说阿斗皇帝刘禅执政能力低下，文武大臣中也多是一些庸碌之人，与诸葛亮时代不可同日而语。蜀汉后期，更是宦官把持朝政，政治日益腐败。

第二，姜维尽力一搏。姜维是继承诸葛亮事业的军事家。他在蜀汉后期，力主北伐，在执政期间竟然九伐曹魏。连年征战，耗费了蜀汉大量的民力和财力，使国家更加贫弱。当时，东吴曾派大夫薛珝出使蜀国，回国后，吴帝孙休问薛珝："你对蜀国政治有何评价？"薛珝回答："入其朝，不闻正言；经其野，民皆菜色。"薛珝还说："尽管如此，蜀汉的君臣仍在醉生梦死之中，他们就像把燕雀的窝建在堂上，而

《女史箴图》（局部）——东晋顾恺之

不知这座大厦就要坍塌了。"

而与蜀国国贫民弱的状况相反，曹魏经济发展很快，国势强盛。从人口看，当时曹魏户籍人口四百三十三万，而蜀国人口不超过百万，曹魏总体力量远远超过了蜀国。

尽管蜀国国力日衰，但蜀国也有优势所在，这就是入蜀道路极其艰险，易守难攻，只有军事力量的优势而没有好的战略战术，是很难征服蜀国的。

司马昭决心灭蜀，他在做出清醒的宏观把握之后，又进行了周密的战术安排。景元三年（公元262年）冬天，他召集朝廷大会，向大臣们宣布了对蜀作战方案。司马昭说："自从平定淮南诸葛诞叛乱之后，休养生息已经六年，整军备战消灭吴、蜀的时机已经成熟。现在灭吴，那就要准备大量的战船，这需要耗费大量的人力物力，而且南方地势潮湿，容易传染疾病，所以上策是，应先平定巴蜀。"司马昭还说："我估计蜀国的总兵力只有九万多，其中，留守在成都及其他地方的军队大约有四万多，其余五万多由姜维统领，我打算把姜维的军队牵制在沓中，使他难以回救汉中，我们集中兵力从骆谷进攻，出其不意攻打汉中，如果他们只将军队在险要之地防守，部队必然分散，首尾很难相顾，这样我们就可以一举攻下汉中和剑阁。就凭蜀国皇帝刘禅的昏庸，一旦边境城市被我们攻克，他们内部一定乱成一团，此时就是他们的灭亡之时。"

司马昭对战局的把握和分析，有根有据，非常到位。

第一，先灭蜀汉，再攻东吴，先易后难，符合实际情况，方案非常正确。

第二，牵制姜维，就能统领全局。姜维是蜀国最能打仗的军事将领，他率领的是蜀军的主力部队．远离成都，只要把他牵制住了，就掌握了战场的主动权。

第三，出奇兵直奔成都，国都一丢，刘禅被捉，灭蜀战争便可大功告成。

从司马昭的灭蜀战争部署可知，他足智多谋，善于排兵布阵，很有他父亲司马懿的遗风。虽然大臣们最初听到司马昭有灭蜀的想法，多数人不同意，但听了司马昭的分析和安排，都被折服、无话可说了。

为保证灭蜀战役一举成功，司马昭还采取了两条保证措施：

第一，声东击西，迷惑东吴。司马昭担心蜀国受到攻击，吴国会出兵援助，这样会增加战争取胜的难度。于是下令"青、徐、兖、豫、荆诸州，并使作船"，还令大将唐咨造海船，并扬言要大举进攻东吴——这一切都是做给吴国看的，使吴国不敢轻易出兵援蜀——注意：魏国正在做进攻你的准备。

第二，集中优势兵力，力求一举全歼蜀军。司马昭发兵十八万，人数几乎是蜀军的两倍，目的就在于速战速决。

由此可见，司马昭考虑问题的周到、细致，应该说他的军事才干是很突出的。

景元四年（263）九月，魏灭蜀之战打响。司马昭下令，兵分三路，开始行动。

第一路，由征西将军邓艾率领三万人从狄道（今甘肃临洮）向沓中南进，任务是牵制姜维，不让他回救汉中。邓艾久经沙场，屡立战功，是曹魏老将，很受司马昭信任，由他牵制姜维，是明智的选择。

第二路，由雍州刺史诸葛绪领兵三万，任务是配合邓艾，切断姜维的后路。诸葛绪是朝中老臣，以他领兵，司马昭放心。

第三路，由镇西将军钟会率主力十余万人，分别从斜谷、骆谷、子午谷进攻汉中。这是三支军队最重要的一支，是灭蜀的关键所在。

钟会，字士季，是太傅钟繇的小儿子。他才华出众，文武双全，尤其善于替司马昭出谋划策，在征讨毌丘俭、诸葛诞叛乱期间，钟会屡出奇谋，被人比作西汉谋士张良。他还为司马昭献策，阻止了曹髦的夺权企图，成为司马氏的亲信。这次司马昭欲伐蜀汉，许多人反对，钟会又是坚定的支持者。不过钟会很高傲，也不安分。这次司马昭对他委以重任，有些人感到担心，司马昭的亲信邵悌就提醒说："您如此重用钟会，让他独自率十余万众伐蜀，我担心此人心高气傲，不可使他独掌大权！"司马昭听了这话，笑着回答说："关于钟会的为人我是知道的，现在当务之急，是灭掉蜀国，可是朝廷大臣都以为不可出兵，说明他们胆小害怕；只有钟会支持我，说明他有信心和勇气，他一定会成功。至于你说的情况，在灭蜀之后可能会出现，这也没什么可怕的。如果钟会真在灭蜀之后造反，第一，蜀国人不会支持他。因为蜀人刚刚亡国，惊恐未定，不理解他；第二，灭蜀之后，魏军将士都迫切希望返回家乡和亲人团聚，谁会和他一起造反呢？如果钟会真反，只不过是自取灭族，你不必过虑。不过今天咱俩人的谈话，你千万不要泄露出去！"

从司马昭对钟会的分析，可知他对部下的性格、心态都有准确的了解和把握。钟会虽然是他的亲信，但也没有百分之百地信任，而是有所防范，只是心中有数，深藏不露。这应该就是成熟政治家的谋略吧。

魏国的军事行动按计划开始实施。

邓艾和诸葛绪所统率的军队，分别向姜维部发起进攻。司马昭原来的计划，是让邓艾、诸葛绪牵制住姜维，不让姜维的主力返回汉中或剑阁。因为那里是，入蜀的必经之路，如果姜维到达那里，会大大增加攻蜀的难度。姜维果然发现了魏军的进军意图，他采用"声东击西"的战术，假装要去进攻雍州（今陕西凤翔），结果诸葛绪上当，率兵救雍州，姜维乘机率领全军冲过诸葛绪把守的阴平桥头（今甘肃文县东南），迅速撤回剑阁（今四川剑阁东北）。魏军牵制姜维的计划落空，这无疑增加了攻蜀的难度。

此时，魏镇西将军钟会所率十二万大军，已顺利攻占汉中，并夺取了入蜀门户阳安关口。接着，又挥军南下，直指剑阁险关，势头正旺。

剑阁位于嘉陵江和龙斤山之间，有大小剑山相连，是"蜀境之巨防"，系由汉中入蜀的必经关隘。由于它处于丛山环绕、千仞壁立之中，有所谓"一夫当关，万夫莫过"之险。

剑阁的险要地势，成为蜀、魏两军的必争之地。姜维在进军途中与蜀国增援部队相遇，一齐到达剑阁，占据了剑阁的险要地势，准备抗击魏军。

在姜维之后，钟会、邓艾也率军赶到，一场剑阁争夺战随即展开。姜维军凭险顽抗，钟会军屡攻不下，双方交战达一月之久。此时，魏军因粮道运输艰难，进攻力量减弱，甚至想撤军。在这关键时刻，邓艾向司马昭提出不要退兵、绕道剑阁、走小路，直奔江油，再捣成都的建议。《三国志·魏书·邓艾传》记载，邓艾上言："现在蜀军已遭受挫折，我们应该乘胜前进，如果从阴平出发，沿德阳亭直奔涪县（今四川

谋并天下

晋朝开国奇谋

绵阳），此地距剑阁百余里，离成都三百余里，在这里出奇兵冲击其心腹之地，剑阁守兵必定回撤，那么在涪县的兵力就很少了，我们一定能够攻破涪县。"邓艾还引用《孙子兵法》的话："军志有之曰'攻其无备，出其不意。'今掩其空虚，破之必矣！"

邓艾所说的从阴平直奔涪县的小路，就是阴平小道。其实，这条路就是翻越崇山峻岭，才能到达江油（今四川江油北）、涪县，从这里再往南就是平原，就可以顺利到达成都。

邓艾选择的这条路，是一条从来就没有人走过的险路。《三国志》记载："行无人之地七百余里，凿山通道，造作桥阁。山高谷深，至为艰险。"这时，已经六十七岁的邓艾，身先士卒，带领将士向上奋力攀登，遇到危险山坡，邓艾就用毡毯裹住自己，从山上滚下去。在他的带领下，将士们不畏艰险，攀着树木崖壁，小心翼翼地前进，终于到达了江油。据守江油的蜀将马邈，万没想到魏军没走剑阁就到达了江油，简直是从天而降，自知不是对手，就干脆投降了。

接着，魏军又向涪县方向进军。到达绵竹（今绵阳西南）时，遇到强烈抵抗，指挥防守的是诸葛亮的儿子诸葛瞻。邓艾派人送去一封劝降书，说："如果投降，一定上书请求封你为琅琊王。"诸葛瞻大怒，将使者斩杀，表达了决一死战的决心。

虽然诸葛瞻态度坚决，但毕竟蜀军战斗力远逊于魏军，而且，诸葛瞻没听从部下据守险要之处的建议，魏军最终攻克绵竹，诸葛瞻战死。他的儿子诸葛尚年仅十几岁，义愤填膺，也跨上战马冲入战阵，在拼杀中战死。

诸葛亮、瞻、尚祖孙三代，皆为蜀国献身，可谓满门忠烈！

魏军攻下绵竹，距成都已不足二百里路。此时成都已乱成一团，蜀国官员惊慌失措，六神无主。后主刘禅召集群臣廷议，大家乱出主意。有的认为蜀与东吴互为盟邦，可以投奔东吴；有的主张南中地区（云、贵、川交界地）有七郡之大，且地势险要，可以防守，应退向南中。

光禄大夫谯周说："自古以来，没有寄生于其他国家的天子，如去吴国，也只能做吴国的臣民。从形势分析，吴国迟早也要被魏国所灭，同样都是称臣，向小国称臣，就不如向大国称臣，也免受二次羞辱。而要南逃，也应早做准备。现大敌已临近，人心不稳，一些奸臣小人，令人莫测，恐怕南逃的第一天，就会有人发动叛乱，根本不可能到达南中！"有人提出："现在魏军已逼近成都，不接受投降那该怎么办呢？"谯周回答："现在吴国还没有投降魏国，形势使他们不得不接受我们蜀国的投降，而且还会以礼相待。"人们大多赞成谯周的意见，只有刘禅还犹豫不决，仍想去南中。谯周又上书劝说："南方蛮夷地区原来没有赋税徭役，还数次反叛，自从丞相诸葛亮用武力降服他们，才顺从了朝廷，现在如果去南中，外要防御强敌，内要承担朝廷的各种开支，这些费用没有别的来源，只有依靠蛮夷负担，他们必定反叛！"

谯周的分析很有道理，许多大臣也劝刘禅投降。刘禅终于动摇了，决定派侍中张绍等，捧着自己的玺绶去向邓艾投降。

刘禅要投降，他的儿子北地王刘谌坚决反对，并愤怒地说："即使我们无计可施，无力可守，面临灾祸，也应父子君臣背水一战，为国捐躯，这样才对得起地下的先帝，为什么要投降？"刘禅不听，刘谌极为失望，他不愿看到蜀国灭亡，便跑到祖庙里痛哭了一场，然后自杀而死。

蜀国使臣张绍出城拜见邓艾，代表刘禅向魏表示投降，邓艾大喜，表示欢迎。

如何评价刘禅的投降举动呢？从气节上看，刘禅不敢抵抗，实属软弱无能，贪生怕死，应该受到谴责。但蜀国弱小，根本不是曹魏的对手，若硬拼，会造成重大损失，弄不好被"屠城"，死的可都是老百姓！这样说，投降也是无可奈何之举，或者说是比较明智的选择。

虽然，刘禅决定投降，但是，姜维还率军在剑阁防守钟会的十多万大军呢。当姜维得知绵竹失守，担心魏军在背后攻击，同时也听说，蜀主刘禅欲退走南中，于是，便率军东退巴中（今四川巴中）迂回，然后向成都进军。正在这时，刘禅命令姜维投降的诏令已到，汉军将士听到投降的命令后，都非常气愤，拔刀猛砍山石，但大势已去，最后只好屈辱地放下了武器。

不久，邓艾率领军队到达成都城北，刘禅带领太子诸王以及群臣六十多人，按照古老的国君投降仪式，向魏国投降：刘禅反绑双手，拉着棺材，来到邓艾面前。邓艾上前将刘禅松绑，下令将棺材烧毁，表示接纳。至此，立国四十三年的蜀汉政权最终灭亡。

蜀汉灭亡后，姜维希望凭自己的力量复兴蜀汉，假意投降魏将钟会，打算利用钟会反叛曹魏以实现恢复汉室的愿望，但最终钟会反叛失败被杀，姜维也被魏兵所杀。

钟会的反叛事件被平定后，司马昭对成都的局势很不放心，担心再出乱子，于是将刘禅和一批投降的大臣全部押送回洛阳。对刘禅，司马昭采取优待政策，封他为安乐公，生活上予以特殊照顾，刘禅的子孙及蜀国大臣被封侯者有五十多人。刘禅对这样的待遇也十分满足。

　　有一次，司马昭设宴招待刘禅，蜀国大臣也随从前往。席间，不知司马昭有意还是无意，安排演出了蜀地的音乐舞蹈。看到家乡的歌舞，蜀国的旧臣们不禁勾起了国破家亡的伤怀之情，个个泪流满面。而刘禅却浑然无所谓，嬉笑自若。司马昭见状，对贾充曰："人之无情，乃可至于是乎！虽使诸葛亮在，不能辅之久全，而况姜维邪？"——人的无情无义，没有超过刘禅这样的了。纵然是诸葛亮在世，也不能够把他辅佐好，何况能力远不如诸葛亮的姜维呢？还是贾充会说话，赶忙迎合说："如果刘禅不是这样，您怎么会这么容易灭掉了蜀国？"

　　过了些天，司马昭见到刘禅，不由得想起刘禅看蜀地歌舞时的表现，便问刘禅："颇思蜀否？"刘禅说："此间乐，不思蜀。"——这个地方很快乐，我不思念蜀。蜀国老臣郁正听说后，感到不可思议，刘禅怎么能说出这样没水平的话呢？这不仅让司马昭嘲笑，也让蜀国大臣们颜面全无！于是求见刘禅，对他说："若王后问，宜泣而答曰'先人坟墓远在陇、蜀，乃心西悲，无日不思'，因闭其目。"刘禅说我知道了。

　　又过了些天，司马昭果然又问刘禅是否思念蜀国，刘禅就按照郁正告诉他的话说了一遍。司马昭一听，这话怎么这么耳熟呀——原来他问过郁正，郁正也是这么说的。司马昭很惊讶，说："何乃似郁正语邪？"刘禅惊视曰："诚如尊命。"左右皆笑。

　　这就是，千百年来流传甚广的刘禅乐不思蜀的故事。怎样看待刘禅的所作所为呢？

　　一种看法是，通过刘禅的话，可见他是一个头脑简单的平庸昏聩之君，只要衣食无忧，一切皆可抛在脑后，没有感情，比起同样也是亡国

之君的南唐皇帝李煜（李后主）差远了。李煜被俘后，终日怀念故国，感情哀怨真挚，留下了许多优美的文辞，如《虞美人》："春花秋月何时了？往事知多少！小楼昨夜又东风，故国不堪回首明月中。"《浪淘沙》："独自莫凭栏！无限江山，别时容易见时难，流水落花春去也，天上人间。"哪像刘禅，只留下一句傻乎乎的"此间乐，不思蜀"！刘禅以其对家、国的漠然、情感的冷淡，而成为千古笑柄，甚至被称为"亡国之昏君，丧邦之庸人"。因刘禅小名为阿斗，于是在我们的形容词中，就有了"扶不起来的阿斗"这一成语，形容人没志气，没本事，是个反面形象。

　　另一种看法与此相反，认为刘禅不像民间流传的那么弱智、昏庸，他其实有一定的才华，只是因为成了亡国之君，说了一句傻话，才成为现在的形象。《三国志·蜀书·先主传》裴松之注引《诸葛亮集》中有这样一段记载，说诸葛亮对一个名叫射君的人称赞刘禅，射君又将这件事告诉了刘备，刘备很高兴："丞相叹卿智量甚大，增修过于所望，审能如此，吾复何忧？勉之，勉之。"——意思是连诸葛亮都称赞刘禅"智量甚大"，比想象中聪明，我还有啥担忧的？诸葛亮在《与杜微书》中评价刘禅："朝廷年方十八，天资仁敏，爱德下士。"也说明刘禅并非庸碌之才。

　　既然刘禅并非昏庸透顶，那他为什么要说出"此间乐，不思蜀"的傻话呢？可能另有原因：因为刘禅很清楚，自己已成为阶下囚，司马昭若想杀他，可谓易如反掌。刘禅想要保全自己的性命，就必须让司马昭觉得他懦弱无能、不足为虑，而"此间乐，不思蜀"，正是刘禅所释放的一个烟雾弹，给司马昭留下了"我无忧矣"的好印象，成功地保住了性命。在当时的环境中，这是最为明智的选择，堪称上策。在这个问题上，刘禅实在是一位能称得起大智若愚之人。

不管怎么说，刘禅也不是个刚烈的硬汉子，他没有为国捐躯；更不是情感浓烈的李煜，给后人留下了千古吟唱的美词。但他凭借自己的机智和聪明，维持了四十三年的蜀汉政权，并得以善终。他于公元271年去世，活了六十五岁。

所以，有人说刘禅被俘后的傻态，只是他身处险境采取的，明哲保身的韬晦之计而已。如果刘禅不说"乐不思蜀"，那么，他以后连"思蜀"的机会恐怕都没有了。

司马昭灭蜀汉，不仅扩大了曹魏的版图，也使自己在朝廷的地位继续上升。这时已经是公元264年春天了，司马昭执政已经十年。这十年，司马昭经历了那么多的政治斗争和军事斗争，都取得了胜利，而曹魏政权日薄西山，已经气数将近尽了。司马昭下一步就应该代魏称帝了。

魏灭蜀是中国古代历史上的一件大事，这场战争表明，三国鼎立的局面从此开始解体，向全国统一迈进了一大步。司马昭在灭蜀战争中，显示了杰出的军事才华和政治谋略，从这点看，他是对中国历史有贡献的人。

子上病死，安世夺位

曹操生前曾做过一个梦，梦见"三马同食一槽"，这梦的意思是，

曹氏将被三个司马吞掉。巧合的是，从司马懿发动高平陵政变、掌控曹魏大权开始，经司马师、司马昭兄弟二人，不断蚕食曹魏政权，这不就正是"三马同食一槽"吗？现在，这个槽子（曹魏政权）的底儿都被咬穿了，就要改朝换代了。

也就在司马昭即将去世的公元265年的五月，曹魏帝国皇帝曹奂（本年二十岁）再对晋王司马昭加特殊的礼敬，命令司马昭的旗帜、车马、歌舞、音乐、皇冠、龙袍，跟皇帝完全一样，从此，司马昭的礼帽上面也有和皇帝一样的前后各十二串玉串，乘坐和皇帝一样的车子，出门回家都像皇帝一样的排场，歌舞是八佾（八佾是指纵横都是八个人，同时出场六十四个人进行歌舞，一佾是八人。据《周礼》规定，只有周天子才可以使用八佾，诸侯为六佾，卿大夫为四佾，士用二佾。因此，当鲁国正卿季平子用八佾的时候，孔子说了一句著名的话："八佾舞于庭，是可忍也，孰不可忍也！"），并且，司马昭的位次提高到皇帝曹奂的亲父亲燕王曹宇之上；司马昭的王妃王元姬改称王后，继承人的名号世子改称为太子。同时，晋国也设置了一套官员班子，也有御史大夫、侍中、尚书、中领军、卫将军等职务，很多在魏国做很大官的也被任命为晋国的官，并且人们清楚地知道晋国的官，那才是将来真正有用的，虽然身披两个朝廷的官职，但是那都是忠于晋国的人，司马家已经像蛀虫一样把魏国这棵大树全都掏空了。

但命运有时候好像很公平。起码它在给予司马昭荣耀、地位、胜利的时候，没有给予他最珍贵的东西——生命。就在公元265年，司马昭在灭蜀汉的第三年，他的生命也走到了尽头。在司马昭执掌曹魏朝政时期，取代曹魏的时机日益成熟。司马昭这时已经五十多岁，按那时的习惯已经进入老年，而且身体也越来越差了。于是，他想把皇帝的位子留给后人做。究竟谁合适呢？

按照传统，一般情况下是嫡长子继位，司马昭的嫡长子是司马炎，司马炎生于公元236年，其时（公元265年）已经三十岁了，而且"宽慧仁厚，沉深有度量"（《晋书·武帝纪》），接司马昭的班当无问题。但司马昭却偏心眼，偏偏看不上司马炎，而对另一个儿子司马攸有好感。这司马攸是司马炎的弟弟，为同母兄弟。

司马昭之所以对司马攸有好感，有一个重要原因，原来他的哥哥司马师没有儿子，于是司马昭就把司马攸过继给了哥哥，做了司马师的儿子，虽然司马攸不在身边了，但父子之情还在。尤其重要的一点，是司马昭认为，天下是我哥哥司马师的天下，我只是暂时替他代管，等我百年以后，这位子还要还给司马攸。因为司马攸已经是司马师的儿子了，所以每次见到司马攸，司马昭就情不自禁地拍着自己的座位说："这可是桃符（司马攸的小名）的座位啊！"

尽管司马昭有立司马攸的想法，而且司马攸也很聪明，喜读书，文笔很好，但他毕竟不是长子，传统宗法制要求"立嫡以长不以贤"，嫡子是继位的最重要条件。

立接班人是件大事，于是司马昭征求几个重要大臣的意见，结果一问，都不同意。山涛站在宗法关系的立场上说："废长立少，不符合礼仪。"贾充则说："司马炎的德行很好，是个做君主的料，不能变。"另外两个大臣何曾和裴秀几乎是异口同声地说："司马炎，'聪明神武，有超世之才'，此非人臣之相也。"在众人的一致反对下，司马昭无可奈何，只得立司马炎为晋王太子，于是司马炎取得了

接班的资格。

在中国古代历史上，因为立太子而引发的争斗屡见不鲜，司马昭比较明智，听从了大臣的意见。司马攸呢，也很有气度，主动退出了太子之争。司马炎对司马攸也不错。这主要是因为司马昭在临死前的病榻上，老泪纵横、紧紧地握着自己儿子司马炎的双手，给司马炎唠叨着汉淮南王和魏陈思王曹植的往事，希望司马炎不要难为自己的亲弟弟司马攸，另外，他还对自己的儿子说，你的知己你知道吗？你的知己就是贾充贾公闾啊！司马昭在临死之前，把自己最记挂的人托付给了即将成为皇帝的儿子，也为自己的儿子说出了他应该最信任的大臣。西晋建立后，司马攸被封为齐王，掌握军权，成为朝廷的重要大臣。只是到了司马炎晚年，二人的关系才出了问题，这是后话。

司马炎，字安世。其实，司马炎的确不是一个智商很高的人，也就是一个守成之主。但是，司马炎是一个好儿子，他对自己的父母绝对孝顺，对自己的兄弟司马攸绝对爱护。

咸熙二年（公元265年）八月，一代枭雄司马昭病死，享年五十五岁。儿子司马炎继任魏国的相国。

接下来，就面临着晋王下葬的问题，具体地说就是：司马昭以什么样的礼仪下葬？是以王礼还是以皇帝的礼仪？

为此，主事的贾充和荀勖一时无所适从，两个首鼠两端的人一时间没有了主意。要说现在从实际上讲，全天下都是司马家的了，魏国的各个大军区司令都是司马家的人，魏国的所有重臣也都是司马家的人，虽然，司马昭名义上是晋王，但是，他其实就是整个曹魏的掌舵人，他说了算。如果从这个角度讲，应该用皇帝的礼仪下葬，但毕竟司马昭没有称帝啊，要

晋武帝司马炎

说应该以王礼下葬……两个聪明人犯难了。

这时，石苞来奔丧了。

司马家对石苞可谓是有再造之恩。石苞本来和邓艾一样是一个下层的小官吏，一个郭姓的中央官吏来视察，视察完了以后要回朝廷，头儿让邓艾和石苞给人家当车夫，驾车回洛阳，这个老兄对邓艾和石苞说，你们两个都将要成为举足轻重的朝廷大臣。石苞不比邓艾那样木讷，他回答说，我们只是个车夫而已，您呢，你开玩笑，我们怎么能成什么大臣呢？等到洛阳以后，石苞曾经巴结当时还是组织部处长的许允，希望给外放个县令之类的差事，许允说，你的才能是和我一样能够成为中央一级官员的人，做什么县令啊！后来石苞被司马懿赏识，从此步入仕途，并成为司马家的忠实家奴。

石苞对司马家，是感恩戴德的，因为在陈群的九品中正制度下，作为下层的寒门人士很难出头，就是再优秀，也不过做一个佐吏而已。但是，司马家却不拘一格，拉拢这些人才，因为，他们深深地知道，事业成败，关键在人；没有人才，一切皆无。

千里奔丧的武人石苞说了一句直抒胸臆的话："咱家有这样的家

业，如果不用皇帝的礼仪还能用什么下葬！"

这一句看起来毫无道理的话，就一锤定音了。所有的人不敢有任何异议，眼见着晋国就马上可以代替魏国，那不是一个时间问题，仅仅是个手续问题，还讲究什么礼仪！

司马家的这一个举动，是对包括曹奂在内的所有人表明，司马氏代魏已经提上了司马炎的议事日程了。九月二十四日，司马昭以皇帝的规格被安葬在崇阳陵。

为了配合改朝换代大业，司马家的智囊团们开始制造出很多舆论，比如襄武县上报说，见到一个很高大的人，说了句，天下就要太平了，有的县说出现灵龟了等等；曹奂不敢把各地献上的灵瑞之物占为己有，很自觉地都给了相府，就连西域的康居和大宛进贡的名马也都送到了司马炎那里⋯⋯

果不其然，司马炎在司马昭下葬以后，没有按照儒家三年服丧的制度，而是脱下了丧服。也就在这一年十二月，司马炎在一批亲信大臣的催促下，登基上台，正式称帝。曹魏最后一个皇帝魏元帝曹奂倒很配合，也觉得曹家气数已尽，该下台了，于是下诏书宣布正式退位。诏书说："晋王，你家世代辅佐皇帝，功勋高过上天，四海蒙受司马家族的恩泽，上天要我把皇帝之位让给你，请顺应天命，不要推辞！"

这一切做的都是那么的有条不紊，顺理成章，司马炎也表现的十分谦让。史书记载的十分有趣，说司马炎是在魏国的公卿比如司徒何曾、镇南将军王沈等人的坚决要求下，才同意接受曹奂的让位的，给人的印象似乎是魏国大臣主动归心似的。可是，魏国的司徒何曾却是晋国的丞相、王沈同样也是晋国的御史大夫……

　　自此之后，于公元220年建立的曹魏，历经短短的四十六年就灭亡了，它成为三国之中第二个被灭亡的国家。

第六章
扫平敌手，天下一统

公元263年，曹魏灭掉蜀汉。公元280年，西晋灭东吴，实现了天下归一，三国归晋。西晋灭东吴，结束了自东汉末年以来国家长期分裂的局面，指挥这场统一战争的，就是晋武帝司马炎。其实，东吴灭亡也是必然的，当时的吴主荒淫无道，而西晋初期社会安定，经济发展。所以，司马炎能够顺利地扫平敌手、天下一统是历史发展的必然。

吴主孙皓，荒淫误国

西晋建立后，实行宽松的统治政策，社会较为安定，经济发展较快。与西晋国势强盛的局面相比，地处长江下游的吴国却混乱不堪，陷入了严重的政治危机之中。因为在司马炎建立西晋的前一年，即公元264年，东吴的又一个新皇帝登基，他就是孙权的孙子孙皓。

孙皓根本没有治国能力，却极其荒淫、残忍。《三国志》记载：他登基后，"粗暴骄盈，多忌讳，好酒色，大小失望"。归纳起来，孙皓还做了几件大事：

第一，迁都武昌，劳民伤财。公元265年冬天，西陵（今湖北省宜昌市）防卫司令（西陵督）步阐，上书请求孙皓迁都武昌（今湖北省鄂州市），孙皓批准。派最高监察长（御史大夫）丁固、右将军诸葛靓留守建业。说步阐建议迁都，其实大概还是孙皓的授意。原因很简单：有宫中的预言家说，荆州这个地方有天子气，并且，荆州的天子气还能够攻破建业，对孙皓很不利。孙皓十分迷信，也有很多忌讳，一听人家这样说，心里只犯嘀咕，于是，就想着迁都武昌，去压压那未来的天子气去，并且到武昌以后，把荆州所有大族豪门的祖坟，只要是和山岗有联系的，都把它的脉挖断。

另外，孙皓还向来喜欢奢华，什么事情都要办得漂漂亮亮，他才满意。迁到武昌以后，一切供用都需要江南用船逆流而上，运到武昌，吴国军民劳累困苦之极。而迁到武昌的军民水土不服，个个思念老家，于是，又传出了童谣，说："宁饮建业水，不食武昌鱼；宁还建业死，不止武昌居。"可见当时民心所向。左丞相陆凯上书苦劝，孙皓就是不听。

第二，杀人上瘾与酗酒。孙皓上台以后，杀了孙休的朱皇后，杀了濮阳兴，杀了张布，似乎杀人杀上了瘾。常侍王蕃和万彧、陈声有矛盾，陈声多次在孙皓面前说王蕃的坏话。等丁忠从晋国回来，孙皓大会群臣，让大家一醉方休，王蕃沉醉，跌倒在地。孙皓疑心他故意装醉，用轿把他送走。停了一会，再召见他；王蕃性情矜持，仪态庄重，晋见时希望不失态，所以还和平日一样。孙皓气得吼起来，大喝左右动手，卫士遂把王蕃拖到殿下，立即处斩。然后，孙皓率群臣出宫，登上来山（今湖北省鄂州市，也称樊山、西山、寿昌山、樊冈），命亲信扮成一群虎狼，把王蕃的人头抛来抛去，争抢啃食；人头血肉模糊，完全粉碎。不过，后来这个陈声也没有躲过孙皓的魔掌。一次，孙皓的爱妾指使近侍到集市上抢夺百姓的财物，司市中郎将陈声倚恃孙皓的宠遇，将抢夺财物的人绳之以法。爱妾向孙皓诉怨，孙皓大怒，假借其他事端逮捕了陈声，命武士用烧红的大锯锯断陈声的头，将尸体投到四望台下。孙皓以杀人为乐，他引外面的水入宫，后妃、宫女、内侍有不合意的就立刻杀了扔进水里漂走，或者剥去面皮，挖凿眼睛成窟窿。

孙皓除了杀人，还喜欢喝酒，不过他喝酒总是与杀人联系在一起。孙皓喜欢喝着酒，让自己的亲信侍臣嘲弄公卿，或者揭发公卿们的私密事情，以此为乐；并且每次要喝酒，一喝就是一整天，在座的人不论你能不能喝，必须要喝够七升，即使你往地上洒一点也好，这个数量必须达到——也不知道这又是孙皓的什么忌讳。有些时候，公卿们喝醉了，做了点不雅举动或者误犯了孙皓的忌讳，孙皓就立刻命人把大臣绑起来，甚至杀掉。当时有个叫韦曜的大臣，是负责撰写国史的，一般这样的人都会一点星象什么的，孙皓信这个，就对韦曜网开一面。孙皓知道韦曜不胜酒力，所以每次喝酒时，偷偷地把韦曜的酒换成茶——过去孙皓做乌程侯，在今天的浙江湖州，那里产茶，这正是"以茶代酒"的来历。不过，后来韦曜总是说实话，比如孙皓喜欢听某某地方有什么瑞应了，问韦曜，韦曜却回答说："此人家筐箧中物耳。"意思说，这些都是些稀松平常的事情罢了等等，孙皓渐渐对他不满意了，最后还是借故把他杀掉了。

第三，再迁都。孙皓在武昌待了一年，就又迁回来了。原因是：公元266年十月，永安（今浙江省德清县西）山区变民首领施但，率领不堪暴政的民众数千人，劫持了孙皓的庶母所生的弟弟孙谦，起兵叛变。变民北上攻击旧都建业。部队快到建业的时候，人数已膨胀到一万多人。在距离建业三十里时，部队暂停前进，一方面是，等待黄道吉日入城，另一方面，以孙谦的名义，派人招降留守建业的最高监察长（御史大夫）丁固、右将军诸葛靓。丁固、诸葛靓（投降东吴的诸葛诞之子）诛杀来人，率军迎击，在牛屯（建业城东南）会战，结果变民大败。只剩下孙谦独坐车中，遂被生擒。丁固不敢擅自处置，把经过奏报孙皓；孙皓下令斩孙谦，并斩孙谦的母亲以及孙谦的弟弟孙俊。施但作乱，突然使孙皓想起了那个谶语，不是说荆州有王气，并且要破扬州吗？孙皓灵机一动，立刻派遣几百人拿着武器，摇旗呐喊着进入建

业城，把已经抓到的施但老婆孩子都杀了，边杀边喊："现在是天子派荆州兵来破扬州贼来了。"——好像是在演戏，谁知道十年以后，从上流荆州的确来了数万人马攻破了建业。岂止是今天的几百人！

完成了这出戏，公元266年十二月，孙皓不禁释然，于是，他心安理得地把国都又迁回到了建业。

第四，大选美女。孙皓规定，凡是两千石以下的官员子女，必须每年都要申报名字，每到女儿十五、六岁，都必须被孙皓先看一遍，如果孙皓看不上的，才能出嫁；除此以外，为了扩大选择面，孙皓逐派遣黄门亲信到全国各地调查走访，采到后宫的美女达到几千人，但是孙皓还不满足，还是命令到处选美。

根据《江表传》记载，张布的女儿被孙皓选为美人，十分得宠，一次，孙皓问："你父亲呢？"张美人还算有骨气，回答说："被贼所杀。"孙皓闻听不禁大怒——这分明是说自己是贼么！立即亲手用大棒把美人打死。气头过去，平静下来，想想人家的美貌，还是思念不已，就命令工匠用木头刻了木制张美人，常常放在自己的身边。但是，木制的总归是木制的，不管用啊。这孙皓不仅是制作木偶的发明家，而且还懂得一点遗传学，他头脑一转，就问身边的人说，那个张布还有女儿没有？左右回答，有一个大女儿嫁给了死去的卫尉冯朝的儿子冯纯。孙皓一听，喜出望外，立刻派人不说二话，把张布的大女儿从冯纯家抢了出来，一见之下，果然和她妹妹一样是绝色美女，孙皓又是宠爱异常，立即封为左夫人——其时皇后因为在朝臣的怂恿下多次劝谏孙皓，孙皓已经不喜欢了，只不过，因为何太后利用孙皓迷信说不能改变皇后，才勉强保住皇后地位——整天和张夫人在房中吃喝，也少杀了不少大臣，用金子给夫人做假髻等物，府库的金子全都给弄完了。不过这个张夫人也没有活多久——和这样一个杀了自己父亲、妹妹的人整天呆在一起，能活多久？

张夫人死后，孙皓哀思过度，把张夫人埋在宫中，并且用工匠做了很多个木头人做夫人的卫兵，这孙皓真是偏爱木头人啊，木头卫兵就能保护着张夫人不被其他男士勾引走了？除了这以外，孙皓有大半年懒得出宫，国人看到葬礼华丽，甚至都怀疑是孙皓已经死了，谣传现在的"吴主"是，孙皓舅舅的儿子何都，因为何都和孙皓长得很像……

吴国在这样一个昏君的统治下，人人自危，民不聊生，一些将士开始投降西晋，吴国国势日衰，人心浮动，西晋灭吴的时机已经到来。

交趾叛乱，晋吴交兵

其实，晋吴在交州的较量直接动因是，公元263年的东吴交趾叛乱，这可以追溯到孙休的督察官邓荀要征调三十头孔雀（《资治通鉴》说是三十头，而《晋书》说是三千头，有争议），巴结孙休。但是，其实早在魏高贵乡公甘露二年（公元257年），吴将孙壹降魏，司马昭对他的封赏即透漏了这一信息："其以壹为侍中车骑将军、假节、交州牧、吴侯，开府辟召仪同三司，依古侯伯八命之礼，衮冕赤舄，事从丰厚。"（见《三国志·高贵乡公》）在当时，遥领是一种虚衔，等到占领以后

就变成了实封，既刺激将领的欲望，又显示当政者的一种企图和决心。

公元263年，吴国的交趾郡吏吕兴杀掉太守孙谞和督察官邓荀，到公元264年，魏国灭了蜀国以后，命令吕兴为安南将军，并以投降的原蜀国南中霍弋遥领交州刺史，霍弋派遣部队从南中朝交趾进发，支援吕兴。吕兴很快就被手下功曹李统所杀，司马炎更以建宁爨谷为交趾太守，谷又死，复遣巴西马融代为交趾太守，马融也很快病死，南中监军霍弋又遣犍为杨稷代融，与将军毛炅，九真太守董元，牙门孟干、孟通、李松、王业、爨能等占领交趾。交趾的陷落，使吴国"大为震惧"，《三国志·华覈传》记载：华覈说："今胸背有嫌，首尾多难，乃国朝之厄会也。"促使孙皓下决心平定交趾。

到公元268年，东吴的交州州长刘俊、总司令官（大都督）修则、将军顾容，先后三次攻击交趾郡（今越南河内市东北北宁府）。杨稷也是先后三次反击成功。于是，东吴帝国所属的郁林郡（今广西桂平县）、九真郡（今越南清化市）也都归附了杨稷。杨稷派将军毛炅、董元进攻合浦郡（今广西合浦县），在合浦古城，大破东吴帝国军，斩刘俊、修则，东吴残军逃回合浦。杨稷上书司马炎，保荐毛炅当郁林郡郡长，董元当九真郡郡长。这是吴国的第一轮反击，主要由地方部队展开，但是都以失败告终。孙皓当然咽不下这口气了。

虽然，孙皓在对晋朝的进攻中并没有捞到多少好处，但是，他的敌对行为，就像蜀国姜维的进犯一样，立即惹起了司马炎的反感，晋王朝开始把灭吴工作摆上了议事日程。

公元269年，孙皓命令监军虞汜（虞翻之子）、威南将军薛珝（薛综之子）、苍梧太守陶璜率军十万从荆州走陆路，监军李勖、督军许存从建安海道，大军相会于合浦，进攻交趾。公元270年，从海路走的李勖在海上迷路，杀了向导官冯斐，擅自率军回师了。

陆路的吴军和杨稷战于分水。陶璜被击败，退保合浦（今广西合浦县），亡其二将。薛珝大怒，想独自引军还家。陶璜趁夜以数百兵袭击董元，获其宝物，薛珝才向陶璜表示道歉；到公元271年四月，陶璜从海道出敌不意，直接到达交趾，晋将董元拒之。大战在即，陶璜怀疑敌人的断墙内有伏兵，就排列长戟兵站在部队的后面，双方刚一交手，董元就假装退却，陶璜率兵追击，结果，董元的伏兵杀出，可是，董元没有料到，陶璜的长戟兵也从阵后杀出，短刀根本不是长戟的对手，董元大败。陶璜把以前所得宝船上锦物数千匹贿赂当地的土匪头子梁奇，梁奇率领一万多部队来帮助陶璜。董元手下有一个勇将叫解系的在城内，陶璜引诱解系的弟弟解象，并让解象劝降解系，又让解象坐着璜辂车，在城外敲锣打鼓的招摇而过。城内的董元心里想："解象什么也不是，就这样风光，解系看到以后，肯定会投降。"于是就中了陶璜的离间计，把猛将解系杀了。吴国虞汜杀了董元，杨稷就以部将王素代替。孙皓用陶璜为交州刺史。

开始，霍弋派遣杨稷、毛炅等人的时候，和他们有约定："如果敌人围城不满百天而你们投降的话，在蜀国的家属要被杀掉；如果超过百天救兵不至，那是我的罪过。"杨稷等人守城不满百天，粮食吃完了，请求投降，但是陶璜不允许，并且给城中粮食，让杨稷等人继续守城。陶璜手下的将领们都来劝谏，但是陶璜却说："霍弋已死，南中肯定是不能救援杨稷他们了，可以等到他们约定的百天满了，然后受降，这样就能使他们的家属无罪，而我等也有仁义之师的美名，不仅可以教育国

内的百姓，也可以使敌国感恩，这样不是很好的事情吗！"等到杨稷等约定的百天期限满了以后，到公元271年七月，晋国的救兵还不至，陶璜才接受了他们的投降。

修则被毛炅所杀，修则的儿子修允随陶璜南征，城降以后，修允要求复仇，陶璜一是，认为杀降不祥，二是，喜爱毛炅勇猛（《汉晋春秋》称："炅壮勇。"）。，因此不同意。后来，毛炅密谋袭击陶璜被发觉，逮捕毛炅以后，辱骂道："晋贼！"毛炅也大声还骂："吴狗！你们才是贼！"修允活生生地剖开毛炅的肚子，说："你还能作贼不？"毛炅仍然骂道："吾的志向是杀掉孙皓，你父亲被我杀掉，就像杀了一条狗！"陶璜既擒杨稷等，一起把他们送到建业。走到合浦的时候，杨稷发病死去（有说是呕血死的）。孟干、爨能、李松等至建业，孙皓将要杀掉他们。大臣们劝孙皓说，这些将领都是忠于所事，应该宽大处理，以教育守边的将士，孙皓就释放了他们，以后孟干逃回晋朝，爨能、李松等人却被孙皓杀了。

晋吴的交趾之争，由于晋朝北方边境不安，加上南中的霍弋死去，使得司马炎没有精力组织有效的救援，而在九年以后重新回到吴国手里，但是，交州作为吴国的大后方，仍然是晋朝的一颗随时能够利用的棋子，将在以后直接或者间接地决定着吴国的存亡。

实际上，自从孙皓在公元268年做出的那件让司马炎闹心的事，也是孙皓继位以后所做的第六件大事：他在一边部署平定交州的同时，计划着正面进攻晋国。

内忧外患，密谋伐吴

自从公元268年，孙皓入侵晋国以后，司马炎就产生了消灭东吴帝国的大志——此时距离司马昭原先计划的公元266年灭掉东吴已经过去两年了。

但是，晋武帝司马炎在考虑如何应对吴国之前，必须解决的问题是，国内的饥荒和随之而来的西北地区的稳定问题。根据《晋书》的记载，其实，从司马炎登基以来，晋国的天灾人祸就一直不断，水灾、旱灾、虫灾、雪灾年年都有，加之"伐蜀之役"消耗了大量的物资储备，造成公私俱竭。再加上，人心并非都对新建立的晋王朝服气，比如，据史料记载，像魏国的原太宰府警卫官（太宰中郎）陈留郡的范粲，自从齐王被废之日起，就辞职回家，不讲一句话，整天吃住在自己坐的车子上，从来不沾晋国的土地，一直几十年，最后死在自己睡觉的车子上。这当然是一个极端的例子，但是，也不同程度地表明，晋国的人心并不稳定，因此，摆在司马炎面前的最大挑战就是要使人民安居乐业，对这个新兴王朝感恩戴德。

可是，上天却偏偏不给司马炎面子。不仅连年灾荒，而且还相继夺去自己的重臣，甚至是自己的亲生母亲。司马炎有点绝望，在他写给

死去的母亲的哀策中，他痛苦地写道："皇考背世，始逾三年。仰奉慈亲，冀无后艰。凶灾仍集，何辜于天。呜呼哀哉！"也就是说，自己的父亲三年的孝期刚满，本想着能够好好地奉养娘亲，盼望着不再会有母亲不幸的到来，结果，母亲去世的现实还是到来了，我司马炎对老天究竟犯了什么错啊！这里的凶灾，当然是指自己母亲去世的消息，然而，也可以解释为包括母亲去世这个不幸在内的一切灾祸。这几年来加之于司马炎身上的灾祸太多，他有点不知所措了。

司马炎为了使老百姓能够生存，泰始二年（公元266年），就曾经尝试建立常平仓，他下诏说：百姓们在丰收的年景往往大手大脚，到了荒年就穷匮了……致使国家在丰年的时候收不到粮食，到了荒年，老百姓饥饿的时候，国家却拿不出粮食加以赈济，并且，也使得一些不法商贩利用囤积居奇，坑害百姓，如果国家建立长平仓，在丰年的时候，用布帛以公道的价格从老百姓那里买来粮食，在荒年的时候，再用公道的价格把粮食卖给百姓，就可以使老百姓免于饥寒，社会稳定。但是，当时的大臣们多数认为，目前，吴国还没有平定，军粮也不多，如果抬高粮食价格，虽然对农民有利，但是，粮食价格抬高以后，将在今后的对吴作战中，使朝廷筹措军粮的成本大大增加，影响到统一大业。所以，司马炎的打算没有被通过。到了泰始四年（公元268年），司马炎亲自耕田以鼓励农作，并且，面对越来越严重的西北旱灾和中原水灾，他终于下定决心，设立了常平仓，丰年政府买进粮食，灾年卖出，以利百姓。

司马炎对于中原的灾害，当然第一想到的是，赈济灾民，如《晋书·武帝》记载："泰始四年九月，青、徐、兖、豫四州大水，伊洛溢，合于河，开仓以赈之。泰始五年，青、徐、充三州水，遣使赈恤之。"等等。泰始四年和泰始五年（公元268～269年）河西、陇右地区连年的大旱，司马炎为了加强对西北地区的控制，应对可能到来的骚乱，决定分出雍州（今陕西省中部及甘肃省南部）、凉州（今甘肃省中部西部）、梁州（今陕西省南部及四川省东北部）各一部分，设立秦州，州政府设冀县（今甘肃省甘谷县），下辖陇西郡（今甘肃省陇西县）、南安郡（今甘肃省陇西县东南）、天水郡（今甘肃省甘谷县）、略阳郡（今甘肃省天水县东）、武都郡（今甘肃省成县）、阴平郡（今甘肃省文县）。司马炎认为胡烈在西部拥有威名，所以，任命他当州长。稍后，还任命了扬州刺史牵弘做凉州刺史。

对于西北地区的部署，朝廷内部还是有人不太放心，据《晋书·傅玄传》记载，作为御史中丞的傅玄，以一个西北人士的眼光对司马炎上书谈了五件事情，除了前四件是说如何应对灾害等，第五件就是专门谈西北的战略部署。他说："臣以为胡夷兽心，不与华同，鲜卑最甚。本邓艾苟欲取一时之利，不虑后患，使鲜卑数万散居人间，此必为害之势也。秦州刺史胡烈素有恩信于西方，今烈往，诸胡虽已无恶，必且消弭，然兽心难保，不必其可久安也……惟恐胡虏适困于讨击，便能东入安定，西赴武威，外各为降，可动复动。此二郡非烈所制，则恶胡东西有窟穴浮游之地，故复为患，无以禁之也。宜更置一郡于高平川，因安定西州都尉募乐徙民，重其复除以充之，以通北道，渐以实边。详议此二郡及新置郡，皆使并属秦州，令烈得专御边之宜。"也就是说，他认为，由于应当安定和武威之间相距较远，如果羌胡叛乱，能够在这里东躲西藏，和官军打游击战，因此，应该在安定和武威之间再设置一个

高平郡（今宁夏固原县），以切断秃发部的河西鲜卑和乞伏部的陇西鲜卑之间的联系。对于司马炎在西北的人事安排，傅玄表示赞同。按道理说，胡烈和牵弘应该是比较合适的人选，傅玄没理由不赞同。

胡烈，字武玄，魏国车骑将军阴密侯胡遵之子，可谓是将门之后。大哥胡广，字宣祖，位至散骑常侍、少府。二哥胡奋，字玄威，以功累迁征南将军、假节、都督荆州诸军事，迁护军，加散骑常侍。胡烈本人，为将伐蜀，常为军锋。钟会反叛，胡烈与诸将都被关闭在城内。胡烈年仅十八的儿子胡渊，第一个率领士卒，攻进成都杀了钟会，名播四海。牵弘也是如此，他是魏国名将牵招的次子。史书上说，牵弘亦猛毅有牵招之风，以陇西太守随邓艾伐蜀有功，并且，在扬州刺史任上，与吴国大将军丁奉交手，打退了丁奉的进攻。史书对牵弘的评价是："果烈"。

还有比这样的猛将更合适的人选吗？

但是，晋国朝堂上不同的声音也还是有的。大司马陈骞就提出了不同意见，据《晋书·陈骞传》记载："（陈骞）因入朝，言于帝曰：'胡烈、牵弘皆勇而无谋，强于自用，非绥边之材，将为国耻。愿陛下详之。'"不过，司马炎知道陈骞和牵弘有过节。那还是在陈骞做大将军、都督扬州诸军事的时候，牵弘是他的直接下属，但是，牵弘却"不承顺骞命"，不听他的话。为什么呢？只能猜测，这也许和陈骞的出身以及陈骞和牵弘各自的为人有关：

陈骞的父亲是魏司徒陈矫，陈矫本来是广陵的刘氏，为外祖陈氏所养，因而改姓陈。（这是《晋书·陈骞传》的说法，而《晋书·刘颂传》却说："（陈矫）出养于姑，改姓陈氏。"）而广陵刘颂，是汉广陵厉王胥之后，世代是当地的名族。广陵有雷、蒋、谷、鲁四姓，当时人们说："雷、蒋、谷、鲁，刘最为祖。"后来，刘颂把自己的女儿嫁给了陈矫，虽然，一个是广陵的刘姓，一个是临淮的刘姓，但是，毕竟是近亲关系，所以，被当时的人们讥笑。中正刘友就当面嘲笑刘颂，刘颂拿上古舜的后代姚姓和虞姓、陈姓和田姓本是一家，也通婚来勉强说事。刘友还要弹劾，被深得司马氏信任的陈骞阻拦，才没弹劾成。即便是这样，当刘颂问法律专家陈默、蔡畿的时候，二人异口同声地站在刘友一边，杜畿还说：刘友虽然冒犯了您，但足，社会舆论的确以为刘友是对的。可见，在当时，人们对陈骞家是个什么印象，虽然你位高权重，可是，那又怎么样呢？还是一个字：呸！另外，据史书记载，陈骞向来不敢忠正直言，但是，和司马炎说话，总是很傲气，似乎一副正直的模样；不过，陈骞见到皇太子司马衷，却异乎寻常的恭敬，大家都以为他人品近乎献媚。并且，陈骞的家风也不好。像他这样的人品，这样的父亲，这样的家庭，能叫一个"果烈"的牵弘服气？　·

陈骞和牵弘根本就不是一类人，见面肯定得掐，谁也看不上谁。但司马炎没有理会陈骞的忠告，就把目光转向了南方。

尽管当时的吴国危机四伏，但毕竟是个大国，其军事力量比蜀国要强许多。首先，吴有长江这一天然屏障，长江水宽浪急，渡江不是容易的事；其次，吴军习于水战，有各种战船五千多艘，当年曹操就因不习水战而兵败赤壁。司马炎了解这一情况，必须做好充分准备，才能发动攻吴的最后攻击。怎样做灭吴战争的准备呢？

首先，镇守荆州，遏制建业。荆州地处长江中游，是战略要地，占领荆州可以顺流而下攻打江东。镇守荆州的重任由羊祜担任。羊祜，字

叔子，是司马师的内弟。他才能出众，能征善战，在朝廷很有威望。接受任命后，他在襄阳安抚百姓，减轻赋税，努力加强战略物资储备。其中仅粮食储备一项，就可支付十年之需。

第二，制造战船，准备水战。吴国水军强大，司马炎针锋相对，在长江上游的益州打造战船。此事由益州刺史王濬负责。王濬，字士治，足智多谋，善于组织。他征召一万多人造船，有的大船长达一百二十步，能载二千人。造船的下脚料顺水漂流而下，到达荆州，荆州官员派人报告孙皓说："晋国正在长江上游打造战船，不久就会顺江而下攻打吴国，应迅速增兵防守。"但孙皓不予理睬。

随着灭吴准备的积极进行，向吴国开战的呼声也日益高涨。其中，羊祜最为积极，他数次向司马炎上书，表达伐吴愿望。但朝廷有的大臣认为时机尚不成熟，司马炎也有些犹豫不决。后来羊祜患病，感觉来日无多，伐吴的心情更加急迫。羊祜感叹地说："天下不如意事，十常居七八。现在上天给了我们这么好的机会，难道一定要等到错过以后才后悔吗？"羊祜真想在有生之年看到江南江北一统的壮观局面。当他的好友中书令张华去看他的时候，他对张华说："吴国的政治太酷虐了，如果现在进攻，就可以一举拿下。若再不出兵，万一孙皓死去，吴国另立的新主是贤明之君，纵然我们有百万大军，也难以跨越长江天险了。"又嘱托张华："你一定要完成我的夙愿啊！"他还推荐了同样力主伐吴的著名战将杜预接任自己的职务。

咸宁四年（公元278年），羊祜去世。这位杰出的军事家虽然没有看到全国统一的那一天，但他对伐吴所做的贡献是不可磨灭的。灭吴后，司马炎曾感慨地说："此羊太傅之功也！"

羊祜死后，主战派继续活动，在益州主持打造战船的王濬上书司马炎，说从开始造船到现在，前后已经有七年了，早期制造的战船再不使用就要朽烂了。这时的王濬已经七十岁，他表示自己希望能在有生之年看到东吴的平定。

司马炎彷徨无计之余，找来张华一起下棋，希望调整一下自己的思绪。正在这时，杜预的又一份请战书送了上来，一向积极主战的张华借此机会，向司马炎极力陈述灭吴的有利之处，他说："陛下圣武，国富兵强，吴主残暴，诛杀贤良，现在出兵讨伐正是最好时机，不能再犹豫了！"在主战派的强烈要求下，司马炎终于下定决心攻打东吴，统一天下。

骄奢昏君，大祸将近

就在司马炎下定决心攻打东吴的时候，吴主孙皓仍然过着他那种酒疯子、色鬼和杀人犯的生活，殊不知大祸将近……

中国有很多亡国之君都是这样，而且特别迷信，也特别喜欢改年号，孙皓就是一个典型的例子。从他继位的公元264年七月到被晋国灭亡的公元280年三月，十五年零八个月的时间里，孙皓就改了八个年号。只要是天上下霜、地里挖出个石头、湖面扩大等等，都成了孙皓改元的理由，像天玺年号只用了五个月的时间，真是过足了文字游戏的瘾。有一个奇怪现象就是，凡是叫"彭祖"的都这样：景帝的儿子赵王刘彭祖，

史书记载，也是为人巧诈奸佞，卑下奉承，内心刻薄阴毒，喜好诡辩中伤他人，并多有姬妾子孙；孙皓另一个名字叫孙彭祖，就不用多说了；晋朝以后还有一个王浚的，叫王彭祖，也是如出一辙。

孙皓除了这些无聊的文字游戏，不得不考虑如何面对越来越拥挤的后宫生活。

由于孙皓挑选了几千小老婆，原来居住的宫殿，已经人满为患了。孙皓走在宫中，到处都是人，女人和太监，再也没有了往日的宁静；小老婆们也向孙皓诉苦说居住条件太差。据《太康三年地记》记载，当时孙皓居住的是孙权时候盖的太初宫，方圆三百丈，三百丈的宫殿已经不够孙皓一家住了。于是，他决定在公元267年春天在太初宫的东边营建昭明宫。左丞相陆凯，是陆逊的族子，当时已经六十九岁了，上书切谏，孙皓装聋作哑，就是不批复，到最后，孙皓派人回答说："你所说的的确是有大意思（"有大趣"），但是却和我的意见不合，那怎么办呢？我现在住的宫殿风水不好，理所当然不能再住了，怎么可以因为害怕百姓劳役，而忍心让我长时期地住在风水不好的宫殿里呢？父亲身体都不安生了，你们臣下做儿子的，还能有什么依靠？"

这明摆着一副无赖相，就是在故意气这个老人家。其实，除了安排自己的小老婆以外，确实还有一个重要的原因，这就是术士对他说太初宫风水不好。这一点孙皓还是对陆凯说了实话。

据《江表传》记载，孙皓建设新的宫殿，两千石以下的官吏都让亲自登山，监督民众砍伐木材。把原来环绕着太初宫的军营，都破坏掉了，并且在宫中建立亭台楼榭，"大开园囿，起土山楼观，穷极伎巧，功役之费以亿万计"。

在孙皓的督责和全体朝臣的齐心努力下，工程紧锣密鼓地进行了一年，新宫就建起了，方圆五百丈，比原来的太初宫大了一半。到这年的年底，孙皓高高兴兴地带着他的老婆群，搬进了新宫。

孙皓把自己的老婆群安顿好，在公元269年正月立了自己的儿子孙谨为太子，并且将另外两个儿子分别立为淮阳王和东平王。

在吴国朝堂之上，左丞相是忠直的陆凯、右丞相是孙皓乌程时的近人万彧、司徒丁固、司空孟仁，还有镇军大将军（陆逊次子陆抗）镇守着东吴的西部，大将军丁奉镇守着东吴的东部。虽然孙皓残暴荒淫，倒是还有不少能人在位置上保驾护航。

可是，孙皓好像就想着不折腾不舒服似的，又任用了一个马屁精。此人就是，汝南郡（今河南省息县）人何定。此人曾经在孙权跟前当差。等孙皓即位，他上书请求调回皇宫服务。孙皓就任命他当楼下禁卫司令，主管采购，后来又升他当事务总管，孙皓对他十分信任。

这个何定曾经想给自己的儿子找少府李勖的女儿做儿媳妇，李勖看不上何定这家伙，硬是不同意。等到李勖、徐存率领大军从水路进攻交阯，在海上迷路而斩杀了引导官冯斐回师以后，这何定就在孙皓面前进谗言说，这两人枉杀冯斐，擅自退军，应该诛杀。孙皓大怒，将李勖、徐存全家斩首，并把尸体燃烧。何定又让将军们向他进贡名贵的猎狗，一只猎犬价值几千匹布帛，大家慑于何定的威势，不得不远行千里去外地购买，一个战士喂养一头猎犬，狗身上都佩戴着簪缨，每条狗的簪缨和其他装饰品都价值一万钱，让这样的狗来打猎捕兔供御膳房使用，可是捕到的兔子却寥寥无几。何定的捕猎行动不仅没有捕到多少兔子，却把吴国的军民弄得心惊肉跳。孙皓的堂兄弟孙秀，是孙权小儿子

孙匡的儿子，任夏口的一把手，虽然孙皓上演了一出迁都和还都的闹剧，但是对于孙皓来说，那个荆州兵破扬州兵的心结始终难以解开，因此，对驻兵夏口的孙秀一直很讨厌。公元270年，孙皓派遣何定带领五千人马和何定的那些个名犬，扬言到夏口捕猎，这孙秀心里吃惊不小，生怕孙皓以打猎为名，偷袭自己——要知道孙家可是兵家之祖啊——吓得趁夜带着老婆孩子，领着几百亲兵渡过长江，投降了晋国。

司马炎大喜，就拜孙秀为骠骑将军，开府礼仪和三司一样，封为会稽公——此孙秀与后来八王之乱中赵王伦手下的孙秀并非同一个人，虽然，两人去世的时间相差不远。说到这个孙秀，《世说新语·惑溺》记载一件有趣的事：当时，司马炎为了招徕更多的吴人，对孙秀的待遇是相当高的，不仅如此，还把自己的姨妹蒯氏嫁给了孙秀，夫妻感情很好。可是有一次因为妒忌，司马炎的这个姨妹开口骂孙秀为"貉子"，这是北人对南人最具侮辱性的话语了。孙秀大为恼怒，从此不再进入内室，蒯夫人着急了，只好去求表哥司马炎。正好遇到大赦，群臣朝见，朝见结束以后，司马炎单独把孙秀留了下来，平静地对孙秀说："如今天下大赦，皇恩浩荡，蒯夫人能否也依照这个通例被赦免呢？"孙秀赶紧跪下表示同意，从此夫妻和好如初——这司马炎不仅乐于助人，而且也挺幽默。

左丞相陆凯曾当面责备何定说："你亲眼看见，前前后后，侍奉君王不忠，败坏政府威信的臣属，有谁是寿终天年的？为什么一定要专门为非作歹，蒙蔽天子耳目？你应该痛改前非，不然，你会招来难以预测的大祸！"可是，孙皓却以为何定忠勤，还给他赐爵为列侯。虽然何定痛恨陆凯，孙皓也恼怒陆凯，但是，陆家是江南大族，况且陆凯的堂弟陆逊的儿子陆抗还是镇军大将军，手握兵权，防守着吴国西部边陲，孙皓也不敢拿陆凯怎么样。公元269年，陆凯终于去世了，陆凯病重卧床，孙皓曾派立法署长（中书令）董朝，前去问他的遗言，陆凯强调："何定不可亲信，应派他到地方政府任职……文武官员中，姚信、楼玄、贺邵、张悌、郭逴、薛莹、滕脩，跟我的堂弟陆喜、陆抗，有的廉洁勤奋，有的才能出众，都是国家的栋梁，请陛下多多留意，向他们垂询时政，使他们能各尽忠心，补救国家万分之一的缺失。"

但是，陆凯逝世后，孙皓却一直对他怀恨在心，直到陆抗也去世以后，吴国再无良将。这时的孙皓的"火山"终于爆发了，他把陆凯全家放逐到建安（今福建省建瓯市）。

可是，对孙皓来说，吴国有无良将、良臣似乎没太大关系。

因为他坚信一切都有天命。既然自己有天命所在，他自信天下终究会是他的。

在陆抗死后直到吴国灭亡的几年里，孙皓再也听不到有人在耳边聒噪，他更可以为所欲为了。就在陆抗病死前，吴国会稽地区有人散布流言说："章安侯孙奋将要成为天子。"孙奋是孙权的小儿子，是孙皓的叔叔。孙奋母亲仲姬的坟墓在豫章，当地官员张俊也是见风使舵之人，为了提前巴结未来的皇帝，亲自去给孙奋母亲扫墓。这是最犯皇帝忌讳的事情，孙皓知道以后，大怒，车裂了张俊，诛杀三族，并把叔叔孙奋和他的五个儿子全部处死。

陆抗死后，中书令贺邵因为中风，说不了话，请病假休息。孙皓不知道发了什么疯，怀疑贺邵病假有假，装病不上班，就把他弄到酒窖里，打得皮开肉绽。可是，中风的贺邵依然说不出一句话。要说你该相

谋并天下

晋朝开国奇谋

信了吧，可是，孙皓反而更加恼怒——我要让你说话，你不说，天下竟然有我孙皓达不到的事情？——于是，下令把贺邵的头用锯锯了下来。

孙皓收拾了贺邵，突然想起了陆凯临终推荐的楼玄。有人说看见贺邵和楼玄曾经在一起，在耳朵边说悄悄话，说完了，两个人还哈哈大笑。孙皓最见不得有人有什么事情瞒着自己，在把贺邵锯头之后，又将楼玄父子发配充军，最后把父子二人逼死。

会稽郡（今浙江绍兴）郡长车浚公正清廉，政绩优良，正好遇到大旱，田野枯焦，人民无粮，饥饿悲苦。车浚请求赈济拯救，可是，孙皓却认为他收买民心，派人将其斩首。尚书熊睦稍微说几句规劝的话，孙皓用刀柄把他捣死，熊睦满身都是捣出的伤口，没有一片完整肌肉。

孙皓还嫉妒学问、风采比自己强的人。继任中书令的张尚，思路清晰、口齿伶俐、机敏过人，和孙皓谈话的时候，人家说的道理总是出乎孙皓的意料，孙皓渐渐恼恨。有一次，孙皓故意问张尚：你说我的酒量咋样？张尚巴结道：陛下，你可是百觚之量呀！是把孙皓比做孔圣人——因为，公认的从古到今最有酒量的人就是孔夫子，据说，孔夫子能喝百觚的酒，折合现在大约有二百斤，而且从来没醉过，孔融曾在他的名篇《难曹公表制酒禁书》上说："尧不千钟，无以建太平；孔非百觚，无以堪上圣。"司马昭的岳父王肃编的《孔丛子》，也说道："尧舜千钟，孔子百觚。"——孙皓本来问这话就是找茬，一听张尚这样说，立即大怒，说：你明明知道孔子没有称王，还敢把我比做孔子！于是就把张尚杀了。

君主们总是害怕别人不忠于自己，尤其是昏庸之主，更是如此。因为，他们偶尔也感到自己的所作所为，根本不足以服众，所以，他们更需要特务机关。在诛杀了何定以后，孙皓又迎来了第二位奸佞小人——张傲。在张傲的大力推动下，吴国的全民大兴告密、诬陷之风，弄得朝政乌烟瘴气。孙皓每诛杀一名大臣，总会有与之牵连的大批吴国贵族、将领纷纷逃往晋国。

然而，孙皓还沉浸在"庚子年青盖入洛阳"的迷梦中，而为了配合孙皓的迷梦，吴国到处出现祥瑞：

一会儿，有人对孙皓说临平湖过去堵塞了，现在又和外面的河水连起来了，过去有人说此湖塞，天下乱，此湖开，天下平。孙皓猛的一喜。

一会儿，有人献上刻有"皇帝"两个字的石头，说是在湖边发现的，孙皓马上改元"天玺"，说是上天给他的玉玺。

一会儿，历阳山上发现并列着七个一模一样的山洞，山洞石壁全是赤黄色，民间把它称为"石印"，传言说："石印开，天下太平。"县长奏报孙皓说："石印确已突破尘封。"孙皓兴高采烈，把山神封王，大赦，又改年号为"天纪"。

孙皓真是善于自欺欺人啊，不过，关于"庚子年青盖入洛阳"的传言却是真实的——只是，令人捧腹的是：在庚子年（公元280年），吴国被灭，孙皓顶着青盖进入了洛阳，不是战胜者，而是作为战败者进去的；心情也不再是兴高采烈，而是忐忑不安。

至此，吴国名臣凋零、奸佞当道、主上残暴、国政日非，渐渐呈现出土崩瓦解之势……

谋并天下

晋朝开国奇谋

孙皓投降，天下一统

咸宁五年（公元279年）十一月，西晋灭吴的战争正式打响，这是继公元208年曹操攻打东吴之后的又一次大规模向江南用兵的军事行动。与曹操伐吴不同的是，司马炎出兵是经过了充分的准备、周密的谋划，声势空前浩大。

这年晋朝发兵二十万，分六路大军大举攻吴。在这六路大军中，陆上五路：镇军将军司马伷出涂中（今安徽滁县）、安东将军王浑出江西（今安徽和县）、建威将军王戎出武昌（今湖北鄂城）、平南将军胡奋出夏口（今湖北武汉）、镇南将军杜预出江陵（今湖北江陵）。水上一路，龙骧将军王濬率领水军七万，沿长江顺流东下，直取建业。西晋大军士气高昂，铁骑滚滚，如滔滔洪流，向东吴冲击而来。

但当时，吴国尚有兵力二十万人，就总兵力对比而言，晋军南下的总兵力并不占多大优势，只是，吴军兵力分散于沿江和江南各地，因此，晋国的这样一种兵力部署，就是要多路进击，有主攻的，有牵制的，从西往东，将吴军各个击破，只有这样，才能达到迅速灭吴的战略目的。

东吴皇帝孙皓听说晋军南下征伐，顿时慌了手脚，立即召集文武大

臣，商量退敌策略，并分兵派将，抵挡晋军。由于孙皓失去民心，加上吴国多年来没有认真备战，根本不是兵强马壮的晋军的对手。不几天，各路兵马纷纷败退，西晋各路大军长驱直入。转年（公元280年）春，西晋各路军队已经先后占领了江陵、武昌、夏口等要地，并继续向吴国腹地进攻，势如破竹，锐不可挡。

在晋军的各路人马中，王濬率领的水军是主力。他们从长江上游的成都出发，先攻打丹杨（今湖北秭归），遇到了吴军在江中设置的一道道铁链。同时，吴军又在江中安置了许多大铁锥，船只一碰，就会漏水沉没。为冲过阻碍，王濬命军队制作了几十个长达百余步的大木筏，上面安置了许多穿铠甲、拿兵器的稻草人，远远看去就像载满士兵的战船，让会游水的士兵撑着木筏行驶。碰上铁锥扎在木筏上，铁锥便被木筏带走。又在木筏前面安装了长十余丈、浇了油的大火炬，遇到铁链，便点燃火炬，烈火熊熊，将铁链融化断开。这样，王濬的船队冲破封锁，将丹杨攻下。接着，晋军又攻克西陵、夷道。此时，杜预的军队已抵达江陵，其他军队也距吴国国都建业越来越近。

公元280年三月，王濬率领的军队攻入建业，孙皓走投无路，只得向晋军投降。

吴国传四主，历时五十一年，至此灭亡。到这时，延续了半个多世纪的"三国鼎立"时代终于结束，天下重新归于一统。晋武帝司马炎发动的灭东吴战役具有重要的历史意义，西晋是魏、晋、南北朝时期近四百年历史中唯一的一次全国统一。国家的统一，对于民族凝聚力的汇集和民族融合的发展有重要的推动作用，其意义突出表现在以下几方面：

第一，战乱结束，社会安定，有利于经济的恢复和发展，有利于人

民在一个安定的环境下生活，这是人心所向，大势所趋。从东汉末年到东吴灭亡这近一百年间，军阀混战，民不聊生，大量百姓死于战乱。曹操曾有"出门无所见，白骨蔽平原"一诗，正反映了当时社会的惨状。而国家统一，战争减少，人民就可以过上安定的生活。

第二，国家统一，便利了交通，有利于各地的经济文化交流，促进了中华文明的创新和发展。看中国历史就会发现，中国最强盛的时期，都是大一统的时期，如汉、唐、明、清时期。

第三，中国自古以来就是多民族的国家，这种统一的局面对于民族的凝聚力和民族融合的发展有促进作用。国家统一，使得各民族能够比较和平、平等地往来。战乱往往带来的是仇杀，不利于各民族的共同发展。

西晋统一中国，给后人留下了许多感慨，唐朝著名诗人刘禹锡曾写了一首诗，歌颂这一壮举，诗中说："王濬楼船下益州，金陵王气黯然收。千寻铁锁沉江底，一片降幡出石头。"（《西塞山怀古》）

晋武帝司马炎建立西晋以后，以十五年时间完成统一中国的大业，这是他对中国历史的最大贡献。

第七章

整顿朝纲，开启盛世

公元280年，西晋在统一中国后，进入了一个重要的历史发展时期。晋武帝司马炎为了庆贺扫平敌手、天下一统，将这一年的年号改为太康（公元280年～公元290年）。晋武帝司马炎是魏晋时较有作为的一位统治者，他在位期间曾针对当时存在的社会弊端，在政治、经济方面做了大量的改革，推行了一些积极的政策。为此，西晋的社会经济有了很大的发展，晋武帝司马炎开启了"太康盛世"。

革新律令，减轻法度

晋武帝对弊政的改革，首先是删订法律。汉代的法律极为繁杂，为官吏营私舞弊提供了客观条件。曹魏时，曾针对这些弊病进行过删改，但依然不够简便。司马昭命羊祜、杜预等著名学者、重臣十余名，对魏律再做大量的删改，去掉其中苛刻繁杂部分，保留清约简明的律令。司马炎代魏后，继续命人删定律令，泰始四年（公元268年），新律令删改完成。新律共有20篇，640条，27600余字。在删改进程中，对于不必列入律文，但又有价值的条文，便以令文的形式给予保留。删改后律文令文合计29261条，共计篇幅有126300字。为了使令文发挥应有的作用，又专门从令文中划分出条例章程，称为"故事"，分发给有关部门作为处理政务的依据。

在当时的社会历史条件下，可以说晋武帝颁布施行的律令的确比较科学、有效。史有记载：晋武帝于太康元年（公元280年）三月平定吴国之后，即"除其苛政，示之简易，吴人大悦"。

晋朝新的律令虽然是司马昭发起修订的，但是，直到晋武帝司马炎取得皇位后的第四年才完成。在新的律令完成后，晋武帝司马炎曾命大臣将律令一一读给他听，并且还让人将新删订的律令中关于死罪的条文，逐条抄录出来，悬挂在人员较集中的亭、传（旅舍），使人民对律令有一个初步认一识，以避免触犯法令。

汉代的律令和解说合起来有773万字，不要说老百姓，就连政府中的官员也不能全部熟悉它们，所以，那些不法官吏对罪犯往往能轻罪重判，有时对老百姓无端而治罪，玩弄律令成为不法官吏的专利。晋代律令合计才12万余字，不但是法律编纂上的一个很大的进步，而且也多少减轻了人民生活上动辄得罪、罪无轻重的现象。

占田兴农，发展经济

司马氏父子不仅在法律方面做了大量的工作，而且在发展社会经济方面也不遗余力，他们将曹魏后期严重限制社会生产力发展的屯田制改变为占田制。

西晋统一天下后，政治上趋于安定，但由于多年战争的创伤，老百姓生活依然很艰苦。特别是，皇室和权贵们无限制地霸占土地，更加重了农民的苦难。农民没有土地，豪门世族利用占据的田地肆意盘剥农民。据说，长安东南的蓝田县，有一个很不起眼的"杂牌将军"庞宗，就占良田几百顷，其他达官贵人就更不必说了。西晋初年，晋武帝把解决土地问题作为发展经济的重要内容之一。为此，他制定了"户调式"的经济制度。

户调式共有三项内容，即占田制、户调制和品官占田荫客制。

占田制，是把占田制和赋税制结合在一起的一条法令。晋武帝时，对人口年龄进行了分组：男女16岁～60为正丁；13岁～15岁、61岁～65岁为次丁；12岁以下为小，66岁以上为老。占田制规定：丁男一人占田70亩，丁女占田30亩。同时又规定：每个丁男要缴给国家50亩税，计四斛；丁女缴20亩税；次丁男缴25亩税，次丁女免税。

通过这一规定，使得每个农民都可以合法地占有应得的田地。不少豪门世家的佃户，也都纷纷脱离主人，去领取属于自己的一份土地。占田制发布以后，不少农民开垦了大片荒地，这对农业经济的好转起到一定的作用。

户调制，即征收户税的制度。户调不分贫富，以户为单位征收租税。这一制度规定："丁男之户，岁输绢三匹，绵三斤；女及次丁男为户者半输。"对边郡及少数民族地区的户调也作了具体的规定：边郡与内地同等之户，近的纳税额的三分之二，远的纳三分之一。少数民族，近的纳布一匹，远的纳布一丈。

品官占田荫客制是一种保障贵族、官僚们经济特权的制度，同时也有为贵族、官僚们占田和奴役人口的数量立一个"限制"的用意，以制止土地无限制地兼并和隐瞒户口的情况出现。此制度规定："其官品第一至第九，各以贵贱占田。第一品占五十顷，第二品四十五顷，第三品四十顷……每低一品，少五顷。"对于庇荫户，"品第六以上得衣食客三人，第七第八品二人，第九品一人。""其应有佃客者，官品第一第二者佃客无过十五户，第三品十户，第四品七户，第五品五户，第六品三户，第七品二户，第八品第九品一户。"庇荫户的佃客，为私家人

口，归主人役使，不再负担国家徭役。

实行户调制的诏书发布之后，遭到了豪门世族的抵制。他们或是隐田不报，或是反对农民占有耕地。

尽管晋武帝的户调式遭到了种种阻碍，但这一制度从一定程度上，用行政的手段将大量的流动、闲散人口安置到土地上从事生产，这对于稳定社会秩序，促进社会经济的恢复与发展，起到了积极作用。

晋武帝很注意开垦荒地，兴修水利。如在汲郡开荒五千多顷，郡内的粮食很快富裕起来，又修整旧陂渠和新开陂渠，对于灌溉和运输都起到了很重大作用。

由于数十年的战乱，中原地区经济遭到极为惨重的破坏，人口也大减。晋武帝的故乡河内郡温县，人口也只有原来的几十分之一。为此，晋武帝决定采取一些措施增加中原地区的人口。他下令，十七岁的女孩一定要出嫁，否则由官府代找婆家。灭蜀之后，招募蜀人到中原，应召者由国家供给口粮两年，免除徭役二十年。灭吴后，又规定吴国将吏北来者，免徭役十年，百工和百姓免徭役二十年。

公元268年，晋武帝还设立了"常平仓"，丰年按适当价格抛售布帛，收购粮食；荒年则按适当价格出售粮食，稳定粮价，维持人民的正常生活。晋武帝一再责令郡县官吏，要"省徭务本"，打击投机倒把、囤积居奇。

正是因为晋武帝采取了一系列有力的经济措施，使农业生产逐年上升，国家赋税收入逐年充裕，人口逐年增加，仅平吴之后不到三年时间，全国人口就增加了一百三十多万户，出现了"太康繁荣"的景象。

弘扬文化，太康文学

社会经济的进步为文化事业的进步提供了社会基础，文学在西晋太康年间又出现一次高峰。太康年间，天下太平，人民安居乐业，经济生活有了好转。与此同时，晋武帝还大力发展文化事业，弘扬民族文化，为中华民族古代灿烂的文化做出了一定的贡献。

当时，盛行着一种被后人称颂的"太康文学"，其代表人物有：一左（左思）、二陆（陆机、陆云兄弟）、二潘（潘岳、潘尼叔侄）、三张（张载、张协、张亢兄弟）。

陆机所作的《乐府诗》、潘岳所作《悼亡诗》清新可诵，千古传唱。文学中赋的成就比诗更大。左思所作的《三都赋》、《蜀都》、《吴都》、《魏都》尤为巨著。左思为了收集材料，历时十年之久，最终才完成了《三都赋》的创作。当他的《三都赋》问世以后，洛阳的学者争相传抄，一时间洛阳的书写纸的价格都上涨了很多（也就是常说的成语"洛阳纸贵"）。另外，左思的《咏史诗》的艺术成就也很高。同时期陆机的《文赋》也是一篇很有价值的文章，陆机在《文赋》中叙述了作文的方法。该文论述精密周详，真可谓曲尽其妙。相传陆机写成《文赋》时仅二十岁，可以想象他的文学造诣是很高的。陆机的《文

赋》提倡音节（声音迭代）、对偶（形影相偶），对于建安以来骈体文的发展起了很大的推动作用。

西晋史学也有很高的成就，最重大的事件是，战国时魏安釐王墓冢的被发掘和整理。太康二年（公元281年）汲郡人不准（人名）盗发了该墓，得到了竹书数车。竹书文字用漆写成，与秦篆（秦时期文字）不同，称之为蝌蚪文。这些竹简简札错乱没有次序，晋武帝司马炎命令当时大学者卫恒负责整理竹简，并把它们改写成当时通行的文字。卫恒死后，来晰继续整理，并进行了考订，使魏国史书《纪年》得以问世。另外卫恒、来晰还整理出了《穆天子传》及其他文章。没有晋武帝司马炎对竹简的重视及派学者整理，今天就不会看到有很高史料价值的魏史书《纪年》（又称《竹书经年》）和《穆天子传》。西晋太康年间对竹简的整理，可称得上是当时考古中最重大的一次发现。

西晋年间史学上另外的成就，一是司马彪撰写了《续汉书》八十篇。该书八志叙述了东汉典章制度，条理清晰。南朝梁时刘昭又分八志为三十卷，并作了注，附在宋范晔《后汉书》中，使得《后汉书》同《史记》等史书体例相当。另一史学成就是陈寿完成了《三国志》的撰写。《三国志》叙事核实，只是有点过于简略，后来刘宋裴松之为之作了注和补。中国正史中较好的前四史，有两部完成或部分完成于西晋时期，可见当时史学之盛。

书法在西晋成为了一门艺术，这是与晋武帝的大力提倡分不开的。晋武帝在中央设立了书博士，招收学子，学习书法。博士规定以钟胡为标准。所谓钟胡，钟是指钟繇，他最擅长写楷书；胡是指胡昭。胡昭与钟繇都曾得到汉末首创行书体的刘德升传授，二人都还擅写行书。晋代以行书、楷书为规范字体，符合了书法发展的需要。

地理学的成就也比较突出。公元271年，裴秀创制了《禹贡地域图》十八篇，结束了以前制图技术的原始状态，裴秀在《序文》中指出制图要有六体：（一）分率（计里画方，每方百里或五十里）；（二）准望（辨正方位）；（三）道里（某地至某地若干里）；（四）高卜（高山平地，地势有高下）；（五）方邪（方谓道路如矩之钩，邪谓道路如弓之弦，远近不同）；（六）迂直（迂谓道路曲折，直谓道路径直，远近不同）。裴秀创造性的理论，改进了制图法，他的六体法为科学绘制地图奠定了基础。

晋武帝司马炎在政治上革除弊政，使得西晋社会经济出现了太康时期的短暂繁荣，社会经济的繁荣，为文化事业的发展提供了社会基础，同时也为奢侈的社会风气进一步糜烂提供了一个契机。

整顿风气，严禁奢华

三国后期，魏蜀吴三国统治集团中腐化享乐的风气都很盛行，初登皇位的司马炎决定给予矫正。

泰始四年（公元268年），司马炎在诏书中明确指出："永惟保乂皇基，思与万国以无为为政。"（《晋书·武帝纪》）意思是，为永葆我大晋的江山，现以"无为之法"作为治理国家的核心。无为，是道家的思想主张，本意是无所作为，但是运用到治国理念上，并不是什么事都不做，主要是对人民少干扰，轻徭薄赋，不大兴土木，不瞎折腾，让人民有一个安定的生产和生活环境。历史证明，国家在社会动荡之后实行这样的政策，会使社会安定、经济恢复。西汉初年的文景之治，就是实行清静无为的政策。

同年，司马炎又向郡国颁布五条诏令，作为治国的基本原则：一曰"正身"，二曰"勤百姓"，三曰"抚孤寡"，四曰"敦本息末"，五曰"去人事"。"正身"，就是当政者要以身作则，起好作用。"勤百姓"，就是关注百姓的生活。"抚孤寡"，那是关心社会上老年人、家里有困难的一些

晋武帝司马炎

人。"敦本息末"，就是中国传统的治国理念，"本"指农业，"末"指商业，"敦本息末"就是要重农抑商。"去人事"，就是把人际关系不要弄得太繁琐、复杂。

司马炎为使诏书的精神落实到实处，带头遵守执行。比如，他严禁奢侈，有一年司马炎患病初愈，一些大臣带着礼物前来祝贺，司马炎予以禁止，并下诏说："每当我想到疾疫所造成的死亡，便怆然泪下，作为一国之主，岂能为了自己而忘记百姓的痛苦？所有献礼者以后必须严加禁绝。"

有一年开春，司马炎要举行"藉田"之礼，就是到田地里，用手扶犁，松土下种，表示重视农耕，为百姓做示范。在仪式即将开始的时候，侍从禀报说："牵牛用的青丝绳断了，再换一条青丝绳吧！"司马

炎不同意，说："牵牛耕地，用一条麻绳就可以了。"司马炎还下了一道诏书，禁止演奏奢华的歌舞，禁止在宫中华林园搞"水转百戏"之类的活动，没收各种游猎的器具。

晋武帝在强调发展生产的同时，反对奢侈、厉行节俭。有一次，太医院的医官程据献给晋武帝司马炎一件色彩夺目、满饰野雉头毛的"雉头裘"，这是一件极为罕见的华贵服饰。晋武帝把这件"雉头裘"带到朝堂，让满朝文武官员欣赏，朝臣见了这件稀世珍宝，个个惊叹不已。不料，晋武帝却一把火把这件"雉头裘"烧成了灰烬。他认为，这种奇装异服触犯了他不准奢侈浪费的禁令，因此要当众焚毁。他还下诏说，今后谁如敢再违犯这个规定，必须判罪。

司马炎如此做，不排除做秀之嫌，但是对社会还是起到了一定的好作用。遗憾的是，司马炎并没有坚持到底。

整顿吏治，裁汰冗官

晋武帝司马炎不但对奢靡的社会风气给予某种程度的制止，而且在吏治方面也多有用心。泰始四年（公元268年）下诏书要求："郡国守相，三载一巡行属县。见长吏，观风俗，协礼律，考度量，存问耆老，亲见百年。录囚徒，理冤枉，详察政刑得失，知百姓所患苦。无有远近，便若朕亲临之。敦喻五教，劝务农功，勉励学者，思勤正典，无

为百家庸末，致远必泥。士庶有好学笃道，孝弟忠信，清白异行者，举而进之；有不孝敬于父母，不长悌于族党，悖礼弃常，不率法令者，纠而罪之。田畴辟，生业修，礼教设，禁令行，则长吏之能也。人穷匮，农事荒，奸盗起，刑狱烦，下陵上替，礼义不兴，斯长吏之否也。若长吏在官公廉，虑不及私，正色直节，不饰名誉者，及身行贪秽，诌黩求容，公节不立，而私门日富者，并谨察之扬清激浊举善弹违，此朕所以重拱总纲，责成於良二千石也"。此诏书对于郡守和王国守相们，提出了具体要求，让他们按所订出的标准，对各属甚的守令进行考核．希望用这些标准来，扬清激浊，举善弹违。

晋武帝司马炎不但对各地官吏规定了详尽、可行的立讼标准，而且还亲自参加诉讼审判活动。公元268年十二月他亲自到听讼观，将廷尉在洛阳的囚犯的卷宗一一检查，以发现是否有重罪轻判或冤屈事件。第二年正月又一次到听讼观，对于罪责较轻的罪犯，赦免其罪，让他们去从事生产劳动。

晋武帝司马炎在登上皇位初期，对吏治是很留意的，他不是将要求停留在口头上，只做官样文章。泰始五年（公元269年）汲郡太守王宏，因工作出色，晋武帝赐给谷物千斛以示奖励。邺奚官督郭虞曾上疏言政，由于切中时弊，被提升为屯留县守令。在晋武帝的大力倡导下，泰始年间晋朝吏治比较清明。

晋武帝司马炎为了吸收更多的地主阶级优秀分子参加司马氏统治集团，不仅解除了对曹魏宗室的禁锢，而且还解除了曹魏时对汉宗室的禁锢。司马炎还把曾反对过司马氏专权的王凌的罪责赦免，其子弟幸存者可以出来做官。对于曾自恃功高不服管制的邓艾，也不追究罪责，其孙邓朗还被授于郎中的官职。对于敌国如蜀国丞相诸葛亮等的后人，也尽力拉拢，使有才能的人出来做官。政治上的"除旧嫌，解禁锢"解放了过去反对司马氏的旧家大族，恢复了亡官失爵者的政治生命。所有这些手段，都使司马炎扩大了统治基础，扩充了统治集团的力量，减少了地主阶级内部的斗争，为经济发展，军事行动提供了基本条件。

西晋政权冗官冗员现象严重，司徒左长史傅咸曾向司马炎上书说：国家和百姓资财缺乏，是由于设官太多，户口只有汉代的十分之一，而设置的郡县多于汉代。设立的军府有上百个，还有公、侯、伯、子、男这五等诸侯也设置自己的官吏，官禄及经费都出自百姓，这是百姓贫困的原因，应该省并官府，减少百姓劳役。官员们讨论后，形成了减少一半州、郡、县各级政府官吏的意向。中书监荀勖却认为：省吏不如省官，省官不如省事，省事不如清心。萧何、曹参做汉相，清静无为，民众安宁，这就是清心。抑制浮华的舆论，减少行政文件往来，除去琐碎细微的政务，原谅人们的小过失，对喜欢生出事务以获取功名的人进行处罚，这就是省心。把全部九个中央行政部门合并到尚书省，把中央各系统的监察部门并到太尉、司徒、司空三府，这就是省官。各个部门、各个地区的政务多少不一，要是只按比例将各个政府机构都裁减一半，是行不通的，应根据具体情况而定。

公元280年，司马炎下诏说，汉末以来，州刺史既管民政，又掌军队。现天下合一，应止息干戈，州、郡两级政府都撤销军队，只设武装吏员，大郡一百人，小郡五十人。这一措施的实行，使西晋的军队数量大为减少。曹魏及西晋平吴前，州、郡都有军队，由地方官统领，与敌方及某些少数民族接近的地区设置的军队更多。

西晋的裁军与减少官吏数量特别是减少无意义的政务的做法，客观地说，是有积极意义的，这是对汉代、三国长期存在的官员为了追求政绩而为政苛刻的一个反省。军队及为追求政绩而产生的政务的减少，会大大减少国家开支，减轻农民负担。

公元280年平吴至290年西北地区发生自然灾害前，十年里西晋既无内战又无外战，皇帝及官员崇尚简易的政治风格，政治事务少，对经济发展及提高农民生活水平起了至关重要的作用。当时也没有兴造大的土木工程，国家开支及农民劳役比以前大为减少，农民有时间从事生产，转嫁给农民的额外负担也相对较少，农民生活出现了安定饱足的情况。古代史家描述为：人们都安心并满足于自己的生产，牛马遍野，余粮剩在田里；外出住宿时，大门可以不关；人们相见都有亲切感；谁有了匮乏，在外面就可得到。当时谚语也说："天下无穷人。"史家称之为"太康之治"。

但是，中国古代所谓好的时代对一般农民来说，充其量只能是解决温饱，还远远谈不上富庶，更不是解决了封建经济的弊病而取得的发展。如余粮剩在田里的记载，就反映了当时经济不正常的一面，对此要有清醒的认识。

对于撤销地方军队，一些人如尚书仆射山涛等表示反对。晋武帝死后，在西北地区发生了流民潮，因地方没有军队镇压，最终发展成大规模的流民武装。应该看到，流民因少数民族事变及饥荒而发生，这是历代政府错误的经济政策及民族政策所导致的，设置地方军队虽可镇压一时，但造成农民负担过重，蕴藏着更大的统治危机。

民族融合，促进繁荣

在晋武帝执政期间，虽还有些外患，但基本已不成气候，无大威胁。据《晋书·武帝纪》记载，还有以下几次：

太康元年（公元280年）七月，轲成泥寇西平、浩亹，杀督将以下三百余人。

太康二年（公元281年）十月，鲜卑人慕容廆寇昌黎。

十一月，鲜卑寇辽西，平州刺史鲜于婴讨破之。

太康三年（公元282年）三月，安北将军严询败鲜卑慕容廆于昌黎，杀伤数万人。

太康七年（公元286年）五月，鲜卑慕容廆寇辽东。

对边境或内部的其他民族进行武力征服和威慑，只是问题的一个方面，对这些民族同时进行安抚，使其归附于晋王朝，是问题的另一个方面；而且，从产生的结果来看，武力征服和威慑只是手段，使其归附，才是目的。

《晋书·四夷传》写道："武帝受终衰魏，廓境全吴，威略既申，招携斯广，迷乱华之议，矜来远之名，抚旧怀新，岁时无怠。"可见晋武帝自登基以来，对四方其他民族，主要是采取"怀柔、招抚"政策

的。再加上政令统一，经济发展，民生安定，原先因战乱流亡其他民族栖息地的中原人纷纷思归，由此，也带动了其他民族的内依晋朝。所以在晋武帝时代，形成了一个其他民族内迁或归依的潮流，几乎年年都有大批的四方民族内迁或归依。这时的晋王朝广开容纳之怀，从而使人口得到很大发展。

晋武帝称帝之后，匈奴大水、塞泥、黑难等即举领两万余部落归依，散居在平阳、西河、太原等六郡。

咸宁二年（公元276年）二月，在并州诸军事胡奋大破犯塞胡人的同时，东夷则有八国人举国归依。

咸宁三年（公元277年），先后有"西北杂虏及鲜卑、匈奴、五溪蛮夷、东夷三国前后十余辈。各帅种人部落内附。"

咸宁四年（公元278年），又有东夷的九国之众内迁中原地区。

咸宁五年（公元279年）三月和十月，匈奴都督拔弈虚、余渠都督独雍等，先后各带领部落归依。

太康二年（公元281年）六月，再有东夷五国内附。

太康三年（公元282年）九月，东夷有二十九国归依晋王朝，并贡献其地方宝物。

太康五年（公元284年），匈奴胡太阿厚率部落二万九千三百人来降，晋武帝划地接纳居住。

太康六年（公元285年）四月，参离四千余部落内归。

太康七年（公元286年）八月，东夷十一国内附。是年，还有匈奴胡都大博及萎莎胡（匈奴十九种之一，按范文澜先生注）等各率部落共十万余人内附，居雍州。

太康八年（公元287年）八月，东夷两国内附。是年亦有匈奴都督大豆得一育鞠等再率种落一万一千五百人前来归附。

太康九年（公元288年）九月，"东夷七国诣校尉内附"。

太康十年（公元289年）五月，屡犯晋境的鲜卑人慕容廆来降。这一年，还有奚柯种族的男女十万人内附于晋。

慕容廆的曾祖父在魏国初期，率领他的各个鲜卑部落人居辽西，曾从司马懿讨伐公孙渊而立功，被拜为率义王，始建其国于棘城之北。慕容廆的父亲慕容涉归后为鲜卑单于，迁邑于辽东北面。慕容廆自幼身材伟岸且胸有大志，受当时安北将军张华的器重，张华还将服簪帻巾等相赠，与其结殷勤而别。而该时的慕容鲜卑，亦是臣服于晋王朝的。由于宇文鲜卑与慕容廆的父亲有隙，慕容廆继父位后要平父怨，曾上表晋武帝要讨伐宇文鲜卑，晋武帝没有准许，慕容发怒，遂入寇辽西，杀人很多。晋武帝派军击败慕容廆。自此，慕容廆再掠昌黎，每年不断，并夺扶余国而占之。晋武帝再调兵遣将击败慕容廆，重立扶余之国。慕容廆到底是个识时务的俊杰，遂与其众谋商说："我自先公以后世代事奉中国，况且华裔所依事理不同，我们本来就与他们强弱有别，我们怎能与晋抗争呢？为什么不与晋媾和以不再祸害我们的百姓呢？"于是，慕容廆派来使节，请求投降。

晋武帝不仅不念旧恶，反而嘉许慕容廆，拜他为鲜卑都督。

可是，晋武帝的属下就不如晋武帝做得潇洒。东夷校尉何龛曾、败慕容廆兵。慕容廆请降后谒见何龛，何龛以胜利者的模样，严兵以见之。慕容廆随即改服戎装入见。人问其故，他回答说：主人不以礼待客，客为什么还讲求礼节？何龛听说以后，深觉惭愧，对慕容廆更加敬佩。

太康十年（公元289年），晋武帝使慕容廆率其鲜卑人迁居于徒河的青山。

以恩威并用的政策使四方其他民族大量归附或内迁，是晋武帝时代人口发展的一个方面。

另一方面，晋武帝也十分重视内部自身人口的发展。如泰始九年（公元273年）冬十月辛巳，他命人定制，规定民间女子年至十七岁而父母不让出嫁的，由政府代选配偶。

晋武帝还发官奴婢屯田，奴婢配为夫妇，每百人成立一屯。官奴婢是罪人，其中许多人是司马氏政敌的子女。他们被允许成家繁衍，可见晋武帝对人口增长的重视。

晋武帝在位时，曾对王公官员的占田进行了限制，一起颁行的还有，荫佃客和荫衣食客制。荫佃客制对各个品位的官员私蓄农户的数量进行了依次递减的规定，荫衣食客制则对官府内的门人，仆役的数量作了不同规定。这样就在一定程度上减少了"黑人黑户"的存在，使国家对人口数量的把握有了更大的明晰度和准确性。

晋统一全国之前，魏、蜀、吴共有户一百四十六万多，人口七百六十七万多。在太康元年（公元280年）平吴后，晋已有户二百四十多万户，人口一千六百多万人，比三国时期，户增一百万，人口增一倍以上。到了太康三年（公元282年），国家已经有户三百七十万，几乎增加了二分之一以上。

人口的大量增加，是"太康之治"的标志之一，也是太康年间晋王朝经济繁荣的动因之一。晋武帝在其执政期间，为汉民族与其他民族的和睦相处以及中华民族的进一步融合，为当时的人口发展做出了贡献。